契丹文化

裴元博　陈传江　著

契丹

钱树

鉴赏与投资

时代出版传媒股份有限公司
安徽美术出版社
全国百佳图书出版单位

图书在版编目（CIP）数据

契丹钱树鉴赏与投资 ／ 裴元博、陈传江著. 一合肥： 安徽美术出版社，2011.1

ISBN 978-7-5398-2678-3

Ⅰ．①契… Ⅱ．①裴… ②陈…Ⅲ．①契丹－金属货币－鉴赏－中国－图录 Ⅳ．①K875.62

中国版本图书馆CIP数据核字(2011)第001612号

特别声明

书中载录之所有艺术品（藏品）及文字，系作者或藏品所有人为说明或补充说明内文而提供，仅作展示参考之用途，本社不承担其真伪、瑕疵及市场价值的认定和担保责任，敬请读者谨慎注意，特此声明。

本社法律顾问：安徽承义律师事务所　孙卫东律师

契丹钱树鉴赏与投资

裴元博　陈传江　著

＊

安徽美术出版社

北京市十月印刷有限公司

全国新华书店发行

开本 787×1092毫米　1/16　印张13.5

印数 1—4000

2011年5月第1版　2011年5月第1次印刷

ISBN 978-7-5398-2678-3

定价：78.00元

前言

所谓"钱树"，是未加工的铸钱半成品，指一炉所出因未曾錾切而与槽铜连成一体的一串钱，看去仿佛枝叶对称的小树，故称"钱树"。

近年，笔者在东北三省及内蒙古等地收集到数百种中古时期历代契丹政权所铸"钱树"实物，有金、银、铜、铅、锡五种材料。我们感到这些"钱树"对研究历代契丹政权的货币制度、铸币历史、铸币技术都是不可多得的见证物和参照物。考虑到"钱树"的文物性质和研究内容的特殊性，笔者特地单独编撰成书，辅以笔者对契丹铸币制度及铸币技术研究的心得集结成册，以便于对契丹铸币制度和铸币技术有兴趣的朋友参考研究。

契丹族在中国中古时期曾先后建立了大贺氏契丹汗国、遥辇氏契丹汗国、耶律氏契丹帝国，以及西辽、后西辽、东丹、北辽、西北辽、东辽、后辽等多个国家政权，雄踞中国北方近千年，为中国北方文明的发展做出了不可磨灭的巨大贡献。

然而，在古代汉族文人眼里，契丹民族始终是个茹毛饮血的野蛮民族。出于民族歧视的大汉族主义则进一步把契丹民族丑化矮化，加之契丹统治者对契丹文化输出的严格控制，更加深了汉族同胞对契丹民族真实情况缺乏了解和误解。自金代以后，原契丹故地离汉民族越来越远，到清代更被封闭三百余年，这一切更使契丹成为一个遥远而神秘的民族，其文化更因人罕闻其实而被蒙上了神秘的面纱。

契丹钱币史要根据新世纪出土的钱币实物去改写，一切有关契丹钱币的观点必须在契丹钱币实物的研究中重新认真提炼。钱币研究的新成果必定改写契丹的历史，一个真实的契丹必将在新的契丹钱币研究中重生。

契丹历代政权钱树的出土与面世，将对某些历史学家对契丹钱币上限问题的错误认识给予纠正，对钱币界至今没有弄清的契丹早期钱是翻砂铸造还是模范铸造的问题给予一个可信的回答，对契丹国家的货币政策和货币制度作一个合理的解释，也必将对契丹钱币的鉴别认定和断代考释起到一定的参考借鉴作用。

这批钱树主要出土于内蒙古通辽地区，少量出土于内蒙古赤峰地区、吉林省榆树地区和辽宁省阜新地区。据了解，这几次总计出土了三四百株各种钱树，笔者获藏了其中的所有不重复品种，其余的已大部分流散到北京和东三省、内蒙古收藏家手中。

本书总计收各种材料钱树266株，其中金钱树11株、银钱树27株、铅钱树18株、锡钱树8株、铜钱树202株。树形分为两侧各五枚对称型和中间枝顶一枚两侧各四枚型两种。树上钱币大多为小平钱，亦有折三、折五、折十数种。大辽时代23个年号（包括"寿隆"）均见小平钱树。西辽8个年号见有六个年号钱树，皇德、重德年号未见钱树。北辽3个年号均有钱树，东丹国时期有甘露元宝钱树1株、壮国通宝2株。后辽3个年号均见有钱树。

金钱树株株都是珍罕宝贵之品，其中遥辇汗国的"通行泉货"和东丹国的"甘露元宝"金钱树都是顶级珍品。银钱树中的"皇命太尉"、"天朝万岁"为珍罕之物。铜钱树中的大辽早期钱和辽亡后地方政权钱的钱树为珍贵品种。锡铅钱树多为印模母钱，但因多次使用，品相文字俱佳者少见，能称为美品者，价值应不菲。

本书是中国钱币史上的第一本钱树专题图书，也是唯一一部将一个朝代、一个民族的钱币基本集全的钱树图书。这样完整的钱树谱系只有在视钱币如神物的契丹族政权里才有可能存在，也只有恰逢金元将契丹神物也视为自己的宝物的时候才有可能存在。

这里，衷心希望本书能给研究、收藏契丹钱币的专家及热心此道的朋友以有益的帮助和借鉴。由于水平所限，图片编选不当之处在所难免，敬请读者及时赐教。

裴元博　陈传江

2009年10月24日于北京

序言

《契丹钱树鉴赏与投资》即将出版发行，这对当今钱币界，尤其对契丹（辽）钱币的收藏与研究是一件极有意义的事情。由于时代久远、史籍缺佚、实物罕少等诸多原因，契丹（辽）钱币收藏与研究远滞后于其他古钱（特别是中原地区古钱）；不唯如此，这一领域还充斥着不少误解和歧说，为收藏者视作畏途。

裴元博先生毕业于辽宁大学，当过兵，从过教，编纂过地方志，并担任过多个企业负责人，20世纪90年代始专职担任辽宁省文物民间收藏研究会秘书长，长期从事流散文物的鉴定收藏研究的管理工作。工作之余他喜好收集契丹（辽）旧物，且以钱币为最，浸淫日久，领悟渐深，多有心得。近年来，裴先生以"泉痴山人"之名，在报刊及网上发表了数百篇有关契丹历史文化及钱币方面的专题文章，博得众多网上爱好者的赞誉和好评。应该说由裴先生主笔的《契丹钱树鉴赏与投资》是他多年来厚积薄发的一份硕果。

陈传江先生生长于晋北地区，占大辽（契丹）国西京之便，雅好北方少数民族历史钱币的集藏，值得一提的是，陈先生多年来潜心研究契丹文字，对契丹文字钱币、符牌及旧物的认识颇有见地，并将其集藏的契丹字钱币在网上示人，答疑解惑。裴、陈二位先生对契丹历史及钱币方面的研究可谓是"志趣相投，珠联璧合"，此书正是两位先生联手的成功之作。《契丹钱树鉴赏与投资》（以下简称《钱树》）一书有三个显著特点：

其一，广积大成，完整翔实。《钱树》内容广泛，涉及自古契丹部族（含大贺氏契丹部落联盟和遥辇氏契丹汗国）始，后经大契丹（辽代）、东丹国、北辽，再及西辽、东辽和后辽等不同时期（政权），历史跨度达数百年之久；囊括了契丹民族发展、强大和衰落的整个历史过程，其中很多内容是以往钱币类书籍从未论及的；近二百种样品均为著者自藏；品种齐全，金银铜铅锡五材俱备，年号、国号、行用、祭祀诸钱齐列，所有各契丹政权年号钱基本集齐。因此，《钱树》称得上是一部内容翔实的契丹钱树集大成著作；同时也是一部契丹钱币的通史。

其二，图文并茂，相互引证。钱币考证是重证据的，尤其是《钱树》这样一部详述契丹铸钱的专题类书籍，其内容广泛，颇具新意，故而对于历史的求证就更显必要。《钱树》按照年代顺序依次提供了不同时期（阶段）契丹所铸钱树的原大彩色图片，并标明尺寸、规格、重量等，在增强本书历史真实感的同时还给读者以直观形象的感受；《钱树》还辅有诸如凡例、概述及各类资料，使图文相互引证，相得益彰，达到了很好的整体效果。

其三，史论结合，基础扎实。一本好的钱币类书籍需要大量真实的物证和充分可信的理据，两者构成了此书自身的价值。时下，钱币实物与相关理论结合得比较好的契丹铸钱史方面的书籍尚属阙如。裴、陈二位先生集自己多年的收藏与学养填补了这一"空白"，实为幸事。读者可以从书中看到很多基础开拓和理论创新方面的内容，值得称道的是《钱树》中"专论"部分的六篇论文，赋予该书很强的学术价值，可谓此书独具的价值所在。

从一定意义上讲，古代钱币学是一门"考证"学科，需要认真、求实的精神，这一点读者能够在《钱树》中感受和体会到。当然，就像所有古钱币书籍一样，本书也会面临着各种批评和评价，甚至一些质疑，这在学术研讨上是件很正常的事，毕竟一个新的理论或观点是需要长时间的辩论来最终确认的，更何况又是一个与八百多年以前契丹铸钱有关的历史话题呢？相信读者会有这样的认识与雅量。

李卫

己丑年寒月

凡 例

一、本书图片及拓片主要以编者所藏实物进行拍照与捶拓，所收钱树均系契丹族政权铸造，有遥辇契丹汗国、大契丹（大辽）、东丹、北辽、西辽、后辽等主要政权的小平、折三、折五、折十钱树266株。

二、按金、银、铜、铅材料及政权存在年代顺序排列，拓片尺寸大小与原物保持一致。彩图只供欣赏鉴定时参考。

三、因铜钱树真品每株存世量都不足十株，金、银、铅钱树每株都是孤品，全部钱树都是国宝级大珍；所以全部品种不再分级，仅在以稀缺程度评定价值时区分。

四、钱树标价以人民币（元）为单位。定价标准以钱树本身收藏价值和稀缺程度为主，同时参考国内外拍卖市场、收藏品公司商店、收藏品市场同类商品价格定价。标价仅供广大钱币收藏爱好者和货币研究工作者参考。

五、本书钱树标价均以枝型完整、品相上等为准，如品相绝美或较次，可酌情增减。

六、本书收编者撰写的有关契丹钱币专论数篇，供有兴趣进一步了解契丹钱币的朋友们欣赏钱树实物时参考阅读，以便加深了解。

七、本书附录若干工具类图表，以便广大钱币收藏爱好者和货币研究工作者进一步了解研究契丹钱币时参考。

目录 | Contens

契丹钱币简史

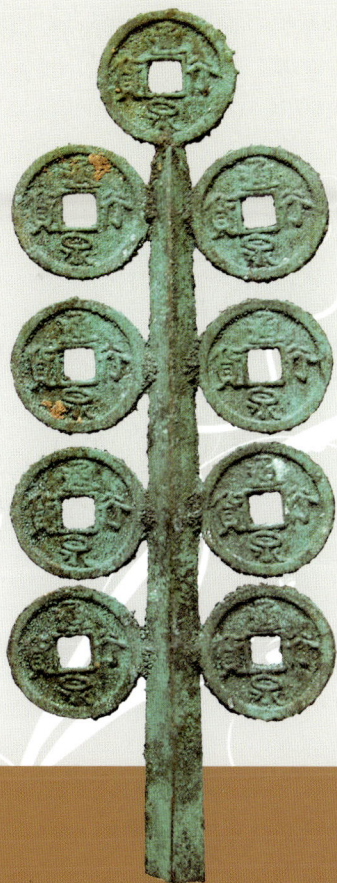

契丹族自始祖奇首可汗投鹿侯于东汉安帝刘祜元初元年（公元114年）诞生，至明朝初年（1400年前后）突然从古籍中消失，共在中国历史上存在约1286年。其间：契丹族经历了幼年的马逐水草，人仰湩酪的生活；青年时的金戈铁马，豪气干云的豪强；壮年时的都会百万，贡者如云的繁华；老年时的昏聩目眩，筋疲身软的悲叹。契丹族在中国历史大舞台上演绎了一出惊天地泣鬼神的波澜壮阔的豪迈正剧。契丹钱币发生发展的历史亦为契丹这一历史正剧谱写了一首余音绕梁的主题歌，它浑厚、苍劲、粗犷、雄壮的旋律，深邃、清新、精美、厚重的内容，为整个正剧增添了无比巨大的艺术感染力，使以前不了解甚至误解契丹的人都不得不重新审视自己的认知力和知识偏差，在真实的契丹面前折服赞叹。

契丹金属铸币概述

契丹金属铸币是中国钱币史上最值得关注的最庞大的家族。它的品种之多，贵金属币数量之多，在中国历朝历代都是无与伦比的。它的金属铸币可以分成年号钱和非年号钱两大系统。两个系统中都有行用钱和非行用钱。铸币材料除没有纸料外，金、银、铜、铁、铅、锡五金齐备，另有玉、石、陶、瓷、骨、木、玳瑁等非金属制币。既有巨如井盖、重达数百斤的"巨无霸"钱币，也有超小型的直径不足1厘米、重量不足1克的微型钱币。行用钱币形既有方孔圆形钱，也有银锭形铸币，更有长方形的钱牌，还有"钱中钱"这一空前绝后的奇异钱币。总之，中国钱币史上所有的古钱铸币品种，在契丹钱币中都可寻觅到，或承绪，或发端，或创新，五彩斑斓，美不胜收。

年号钱自太祖916年建元神册开始至保大五年（1125）辽亡的209年中，建立的24个年号（包括辽道宗太康、寿隆两个待考年号）均有铸币，而且均铸有折二以上大钱，并且金、银、铜三材同模同铸，有十余年号还铸有铁钱。除汉文年号钱外，目前已发现契丹文年号钱数十种，是否所有年号都铸有契丹文钱是有待出土实物进一步证实的问题。

不仅大契丹（大辽）政权建元必铸钱，而且只要是契丹人建立的政权，不管是中央政权、地方政权、起义政权，只要建立年号，哪怕是仅存在数月甚至数天，必定也会铸造年号钱。东丹、北辽、西辽、西北辽、东辽、后辽、后西辽无一例外，已知这些政权建立的17个汉文年号都铸有年号钱行世，而且都是五等钱制和金银铜三铸。受契丹货币制度影响，辽朝境内的其他民族，如渤海族、奚族建立的政权也是建国或建元必铸钱。从目前的出土文物看，这些民族的所有起义政权都铸有年号或国号钱。

契丹非年号钱质量之高、品种之多、艺术水平之登峰造极为中国钱币之首。其中所有皇帝均铸并通行使用二百多年的"万岁三钱"（千秋万岁、天朝万岁、皇帝万岁）都创造了行用钱多个钱币之最。它的纪年钱、国号钱、国号年号一体钱都创造了中国钱币史上的品种数量之最。它的巡宝钱、长方形钱牌、政治宣传钱、钱银库计数钱，设计上的奇思妙想，制作上的别出心裁，使用上的深刻寓意，都令世人耳目一新，拍案叫绝。它的聘享钱、赏赐钱、祭祀钱将契丹人汉学功底的深厚，书法的精绝神妙，以及他们坦荡豪迈的胸襟表现得淋漓尽致，让人不得不从心底由衷赞誉。它的民俗钱形制的雄浑厚重，内容的丰富多彩，制作的粗犷精整，设计的独具匠心都达到了当时钱币艺术的巅峰，受到所有收藏者的喜爱和追求。

总之，一千多年前深度汉化的契丹民族修政兴国，"锐意于治"，奋发图强，不断进取，创造了中国历史上最辉煌的钱币文化，为中国钱币事业的发展做出了巨大贡献。相信随着人们对契丹文明的不断认识，学术界对契丹货币经济的研究将会步入一个崭新阶段，取得更大的成就。

契丹货币制度与经济政策

铸币管理机构及管理方式

契丹铸币管理机构设置较早，据《辽史》支离破碎的资料推测，早在辽始祖涅里时代（即遥辇汗国阻午可汗时期，公元735－746年）即设有以下几种机构。

矿冶五坊——包括金、银、铜、铁、铅五坊，负责五金的勘探、开采、矿山管理、冶炼等事务。

制作八坊——包括军器、钱币、日用器、农牧器、上用器、车辇、器杖、祭礼器等八坊，负责兵器、农机具、日用器皿、宫廷用品、车辇器杖、祭器礼器的制作及国家钱币的铸造。

各坊设正副坊使，下设详稳司，设详稳、都监管理下属人员。在全国各地凡有金、银、铜、铁、铅矿可供开采之处设坑冶，置专业户民立寨设馆以专采炼，并依就近设坊的原则在坑冶附近或当地设置铸钱等坊。冶炼出的成锭运至国库，按计划用量拨付制作坊制作或铸造，成品验收合格后入库，按计划调付各部门或各地。

太祖、太宗时实行了"一国两制"——北、南官制。北面官中，北南大王掌管钱币管理，调拨储运，宣徽院管理矿山采炼及钱币铸造，太宗时曾在北面官中设五冶太师总掌契丹地域天下盐铁。南面官中，在汉人枢密院中设有户房主事，厅房即工部主事，协调户工部事务。六部中的户部有专员掌管财业、盐铁、坑冶、钱帛、度支等事务。后又在东京设户部司，长春州置钱帛司，在五京及辽西、平州置盐铁、转运、三司、度支诸司等派出机构，进一步掌控督管各地采炼、铸造、出纳、调拨、转运等事务。这些机构辽中期完善后，至其国亡一直运作正常。

契丹官吏和武士

在一般的史籍中，契丹是一个落后和野蛮的民族，其实契丹人参照中原地区先进的农耕文明，建立了自己独特的管理体制。

契丹的铸币权严格地掌握在皇帝和他依赖的执政班子手中，年号钱大抵在改号前一段时间就知会给户部管理钱币的官员，由他安排工匠设计图样，让书家书写钱文，让雕工按样雕出钱样，呈送皇帝审阅，批准后，雕工按呈样用软材料雕出铸母发给户部直属铸钱坊（院），待铸出头炉钱再选样钱送钱法官审查，合格后将样钱和铸母颁发全国北南各铸钱坊全面开铸。

每种年号钱的铸量都由户部官员做出计划报皇帝批准，然后由宰辅根据三司使的预算下令拨付给各地转运使，转交各户部使司支付给各部门。北面官铸币除少设计铸样关节外，转运投放大体与南面官相同。

非年号钱大抵由户部掌管赏赐和民俗事务的官员根据国家节庆和礼仪及民俗事务需要，每年预先做个大体计划，列出待铸钱名称、钱样设计图、用料、铸造发行日期，报主管官员，再由其呈皇帝批准，然后按计划发行。其设计、铸造、发行均由户部直属机构和铸钱坊完成。

辽代古塔

此塔位于内蒙古自治区巴林左旗——当年的辽上京所在地，为双塔中的南塔。

契丹的铸币机构只对皇帝一人负责是其一大特点。把国家钱币视为皇帝的"王信"，把它的政治作用看得高于经济作用，是契丹钱币铸行的另一大特点。铸币机构亦按北、南两个系统设立，应是契丹铸币独有的第三大特点。北面铸钱机构重在契丹和部族地区铸行民族特征强烈的钱币，如契丹文钱、政治宣传用钱、民俗用钱、祭祀用钱等；南面铸钱机构重在铸行一切和经济有关的钱币，如仿铸周边汉族政权的钱币、制造和中亚各国的贸易用钱、国家法定行用钱等。

契丹的铸币机构和管理方法学自唐朝，经几百年的消化吸收，到帝国建立时，已俨然是出师多年的行家里手。五代时，它的铸钱机构和管理方法有的地方已经超过中原地区。夏、宋、契丹三足鼎立时期，契丹的铸币机构和管理方法也不落后夏、宋。

货币制度的形成

契丹钱币铸制，发端于耶律阿保机之父耶律撒剌时期"通行泉货"的铸行。此前虽有不同时期不同钱名的仿铸、试铸的契丹风格明显的零星钱币存世，但因实物过于稀少和史实资料阙如，无法对它们产生的时代背景、货币制度进行有说服力的考证。待出土实物再丰富些，史料的发掘能获得新的有益的资料，再对它们进行探讨研究。

耶律撒剌时期"通行泉货"系统钱币的铸行，标志着契丹族已正式进入货币经济时代。"通行泉货"具有流通货币的全部特征：因多次连续铸造形成多种版别（目前已发现"通行泉货"十三种版别钱）；为适应货品交易状况，制造有不同等级的货币。目前已发现"通行泉货"钱不仅有小平钱，而且还有折二型、折三型钱币传世。至于有没有更大等级钱币铸造，尚待今后进一步考古发掘。铸造的行用钱已达一定数量。目前已发现的"通行泉货"钱总数应在数百枚左右，按存世钱与湮灭钱惯常比例1：100000/千年计算。当时"通行泉货"铸造总量应在数万贯，其钱开铸于公元842年耶澜可汗屈戍时期，如其在907年停铸，前后就应铸了六十多年，每年平均不过铸了几百贯而已。这个推测结果符合当时契丹国土方千里的经济规模。

契丹国是个农牧业并举的国家，各地区

"通行泉货"背上俯月小平铜钱树

契丹遥辇汗国时期铸造。

经济发展并不平衡，尽管耶律撒刺时期以发行"通行泉货"钱为标志，说明契丹国已正式进入货币经济时代，但"物物交换"的自然经济在偏僻地区依然存在。契丹的货币制度与政策长期以唐朝为榜样，基本原封不动地照搬了唐朝"钱帛兼行"的货币制度与政策，只是在和宋朝订立"澶渊之盟"后，财政有了长期固定贡银收入，契丹境内金银冶炼有了长足进步后，才改为"银钱同行"的货币制度与政策。契丹铸钱史并依此两种货币制度与政策，划分为两个阶段：前期的"钱帛兼行"和后期的"银钱同行"。

"钱帛兼行"时期

自唐朝初年直至辽道宗大康七年（1081）的近五百年间，契丹族实行的都是"钱帛兼行"的货币制度和政策。布帛（绢、绸、缎、罗、纱等丝棉纺织品，甚至包括棉花）天生的不宜破碎的特点使它在经济生活中始终担当着主币的角色，而铜钱天生细小的价值特点使它只能在经济生活中始终担当着辅币的角色。布帛在这五百年中始终是契丹社会商品交换中的主要媒介，铜钱只起到找零补缺的作用。

契丹统治者十分重视布帛的货币职能作用，并把稳定币值作为基本国策。《辽史》中多次记载了皇帝以法令的形式规定布帛质量的史实。辽圣宗统和三年（985）十一月，朝廷颁布命令："禁行在市易布帛不中尺度者。"67年后，辽兴宗重熙二十二年（1053）七月，辽朝廷为加强对货币的制造、使用、调拨的管理，特意在长春州增设了"钱帛司"，以就近对铸币和布帛进行管理，从中可以看出辽政府对布帛货币的特殊重视。85年后，辽道宗咸雍七年（1071）三月，又颁布了一道"禁布帛短狭不中尺度者"的敕命，严肃地强调了作为特殊商品的布帛的交易媒介的货币地位及其在商品交换中的比价作用。

"统和元宝"大字背上月下星小平铜钱树

大辽国圣宗皇帝耶律隆绪统和年间铸造。

"澶渊之盟"签订，契丹在获得了1500万两宋贡银后，辽道宗于大康七年（1081）十一月，下达了"废除绢帛尺度狭短之命"，结束了施行五百余年的"钱帛兼行"的货币制度和政策，揭开了"银钱同行"货币制度的新时代。

契丹在实行"钱帛兼行"的货币制度和政策的同时，在不同地区还实行了灵活的货币政策。如在偏远落后地区长期允许使用其他实物货币，像马、牛、羊、日用生活品、粮食等，政府对这些实物货币进行指导定价。在南京、中京等经济较发达地区，在大额商品交易中始终允许白银称量货币的使用，辽朝皇帝还带头使用白银。注重发展经济，稳定币值，因地制宜，灵活制定政策，这些都促成了辽朝货币制度和政策向更高级的"银钱同行"的货币制度和政策的转变，并使契丹的经济长期稳定发展。整个辽代物价相对稳定，物质储备极其丰富，这在整部中国经济发展史中也是一个令人刮目的奇迹。

"银钱同行"时期

契丹使用金银铸币非常早，在内蒙古赤峰地区发现的仿铸汉代的契丹风格明显的"小泉直一"钱中，就发现了金质钱。在历代契丹仿铸钱中都曾发现金、镏金和银质钱。它们混杂在大量行用钱中出土，说明它们曾被用于流通行用。契丹帝国建立后，金、银钱的铸造形成制度，成为国家正常金属铸币的一部分，在铸造铜钱的同时就必铸造金、银钱。

契丹金银铸币品种之多、数量之巨都创造了中国钱币史之最。这不仅是契丹赏赐庆典较多的缘故，而且是由中西亚拜占庭、大食、波斯、回鹘等国巨额贸易的需求决定的。契丹境内之所以金银锭发现和出土都极罕少，原因就在于契丹把大部分称量的金银货币都变成了对中亚贸易的金、银钱。这是契丹"银钱同行"货币制度和政策有别于宋朝的一大特点。

契丹国内自唐以来就通行金银称量货币，但自从与中亚各国的贸易逐渐加大后，国内使用金银称量货币的现象反而越来越少。《辽史》明确记载使用银称量货币的史实仅两条，而且都发生在辽穆宗在位时期（951—969）。

应历十六年（966）正月，穆宗"微行市中，赐酒家银绢"；应历十八年（968）元宵节，穆宗在上京观灯，曾"以银百两市酒，命群众亦市酒，纵饮三夕"。这两件事说明，在契丹经济生活中称量货币早已被广泛使用。由于大量的赏赐和物资交换，掌握在官方手中的称量货币和金银铸币大量流入民间，促进了"银钱同行"货币制度和政策的实行。而在与西亚中亚的贸易中，契丹人亲身感受到使用金银铸币的方便，这给了契丹人积极的启示，他们不仅加大了金银币的铸造量，而且减少称量货币的使用与投放。

传世和出土金银铸币总量多于称量货币的事实，说明契丹的"银钱同行"货币制度和政策不同于周边国家，契丹金银铸币的国内流通数量高于称量货币，国外行用额也高于周边国家。这恐怕是契丹"银钱同行"货币制度和政策的最大特点。

铜铸币历来是汉族政权经济生活的主要的第一位的货币，而契丹无论实行"钱帛兼行"还是实行"银钱同行"的货币制度，都把本国铸币视为传达王命的圣物，把钱币当作政治宣传的工具，把钱币的政治作用看作主要的第一位的，而把经济作用看作次要的第二位的。他们宁肯花费大量宝贵的资源和人力去大量仿铸周边国家和主要敌对国家的钱币，而不愿扩大本国铸币的铸造量。他们宁肯花费大量宝贵的资源和人力去铸造非经济用钱币，而不愿扩大行用铸币的铸造量。他们宁肯花费大量宝贵的资源和时间去精雕细铸政治宣传用钱、祭祀用钱、聘享用钱、民俗宗教用钱，而不去精雕细铸经济行用钱币。契丹人这种独特的铸币理念和做法，在中国乃至世界钱币史上都是独一无二的。

从出土的契丹窖藏钱币中可以看到契丹本国铸币仅占很小分量，加上近几年被探

"应历通宝"背上星小平铜钱树

大辽国穆宗皇帝耶律璟应历年间铸造。

测仪探出的大量契丹钱币，总量也没超过原契丹境内出土钱币的三分之一，即使再加上契丹历年仿铸的各朝各代钱币，总量也没有超过历代各国进口钱币的总量。契丹这样奇特的货币制度和政策，不但没有使契丹产生"钱荒"，更没有造成通货膨胀。契丹从始至终物价始终保持相对稳定，并始终保持了国库和朝廷资产的充裕。

《辽史·食货志》载："辽之农谷至是为盛。东京五十余城内，沿边诸州，各有和籴仓，依祖宗之法，出陈易新，许民自愿假贷，收息二分，所在无虑二三十万硕，虽累兵兴，未尝用乏。迨天庆间，金兵大入，尽为所有。"

又载："自太祖及兴宗垂二百年，群牧之盛如一日。天祚初年，马犹有数万群，每群不下千匹。"这不能不说是中国经济史上的一个奇迹。

契丹经济之所以能"用不少斩，沛然有余"，皆有赖于货币制度和政策的"规措有法"。其表现为：

1. 根据国情因地制宜，视货币制度为国家政治制度主要组成部分，充分利用外国钱和仿铸钱代替本国钱行使行用钱的经济功能。

2. 根据实际因地制宜，实行灵活的铸币制度，把称量货币化作金、银钱，除用于和中亚西亚各国贸易外，也用于国内大宗交易。近年出土的巨量契丹金、银钱、镏金钱已超出赏赐、庆典、外贸所需数量的很多倍，加上它们身上的流通使用痕迹，说明它们已成为流通钱的一部分。

3. 坚持稳定币值，把稳定物价作为发展经济、巩固政权的基本国策。这从历代契丹皇帝都坚持"布帛短狭不中尺度者，不鬻于市"的态度可见一斑，当时的斗粟"不过数钱"就是最有力的证明。

4. 禁货币材（金、银、铜、铁），严防私铸，"禁民钱不得出境"。这一系列措施，保证了国家货币制度的权威和经济的繁荣。

5. 拒绝纸币，坚持贵金属币与铜铸币一

"咸雍通宝"光背小平铜钱树

大辽国道宗皇帝耶律洪基咸雍年间铸造。

"天禄通宝"光背小平银钱树

大辽国世宗皇帝耶律阮天禄年间铸造。

并行用的货币制度，辅币铜钱允许新旧互用、同质同值。《辽史·食货志》在论述契丹钱币政策成功的原因时，曾记载："世之论钱币者，恒患其重滞之难致，鼓铸之弗给也，于是楮币权宜之法兴焉。西北之通舟楫，比之东南，十才一二。辽之方盛，货泉流衍，国用以殷，给戍尝征，赐与亿万，未闻有所谓楮币也，又何道而致其便软？此无它，旧储新铸，并听民用故也。"

灵活、有的放矢的货币制度和政策是契丹经济二百多年来长盛不衰的唯一秘诀。契丹以后建立的北方少数民族政权，夏、金、元、清的货币制度和政策无不受其影响，诸如把钱币视作皇帝的"王信"，把钱币当作政治宣传工具，铸造民族文字钱币，改元即铸新钱等。

年号钱与非年号钱

契丹族及契丹国内地方政权，在未建年号之前及建元后铸造年号钱的同时，都铸造了大量的非年号钱。未建年号前所铸的非年号钱大多用于流通行用，在铸造年号钱同时铸造的非年号钱大多用于非流通领域。用途不同，两种非年号钱的质量也不相同，用于流通行用的非年号钱质量大多不如用于非流通领域的非年号钱。

用于流通行用的非年号钱内有大量仿铸周边国家或前朝的年号行用钱。这种仿铸周边国家或前朝的年号行用钱，有以仿乱真的直接翻铸钱，有为达到某种目的如省工省力省设计、祭祀、制作呈样钱等而改范所铸钱，有改变形制、钱文、风格，化人为己的变异钱。

用于非流通领域的非年号钱，后代泉界往往都把它们归入厌胜钱（当代称"民俗钱"或"花钱"）行列，其实这是贬低契丹非年号钱地位的行为。在契丹这个视钱币为圣物、视钱币为"王信"、视钱币政治教化功能高于经济媒介作用的国家里，非年号钱主要用于政治，用于国家祭祀，用于"化祖为神、化家为国"的政治目的，而很少用于民俗，更非厌胜。这是契丹非年号钱与汉族政权所铸非年号

"神册通宝"背上星小平铜钱树

大辽国太祖皇帝耶律阿保机神册年间铸造。

钱最大差异之处，是研究契丹非年号钱必须首先了解的问题之一。

用于非流通领域的非年号钱按表达方式可分为：文字钱、图画钱、图画文字合一钱；按制作形态可分为：实体钱、镂空钱、异形钱；按文字制作方式可分为：阳铸钱文、阴铸钱文、面阳铸文背阴刻文；按钱文内容可分为：巡宝钱、国号钱、国号年号一体钱、吉语钱、祈祝钱；按用途可分为：特用钱、王信钱、祭祀钱、庆典钱、赏赐钱、纪年钱、供养钱、祝寿钱、聘享钱、纪念币、玩赏钱、佩饰钱、生肖钱、祝圣钱、冥钱；按材质可分为：金、银、镏金、镏银、瑜石、甘金、合金、铜、铁、铅、镴、玉、石、瓷、陶、骨、木等；按使用对象可分为：宫廷用钱、钱监用钱、神巫用钱、国家用钱、民俗用钱等。

契丹非年号钱数量、品种浩如烟海，仅"千秋万岁"这一种非年号钱就有上千个品种，其中有直径仅9毫米、重量仅1克的半文钱，有直径达1200厘米、重达300斤的镇库钱。内中有半文、小平、折二、折三、折十、当百、当千、当万的光背行用钱，也有背龙、背龙凤、背花卉、背单双蝠、双剑等宫廷祝圣钱、万寿钱，还有背记等级数目的钱库、银库计数钱，亦有金银质、镏金的赏赐钱，更有形形色色、大小不一、形状各异的佩饰钱、护身符钱。

契丹非年号钱制作之精致，形制之浑厚，风格之粗犷，在中国历代非年号钱中独树一帜，是中国钱币百花园的一朵彩霞萦绕的奇葩。契丹非年号钱蕴涵着深厚的汉文化精髓，举凡汉人崇信的忠孝节义、礼信廉智、三纲五常，无不能在契丹非年号钱中找到它们的身影。这说明契丹是一个高度汉化、文明高度发达的民族，它甚至比汉族更注重用儒家传统观念约束自己的行为，躬耕传统文化。

"千秋万岁"非年号钱

契丹族钱树概况

古代的金属钱币是铸造出来的，明代宋应星编著的《天工开物》中"冶铸钱币"章节讲述了钱币的整个制作过程，从中我们可以了解钱树的由来："制作铸钱所用的模具时，先选用四根长一尺二寸、宽一寸二分的木条架成空框，再将所筛选出最细的泥和炭粉混合后将空框填满，模子上面还要撒上少量的杉木或柳木炭灰，或者用燃烧的松香或菜籽油熏烤，然后把用锡块所雕刻成的一百个'母钱'（钱模）按有字的正面或没有字的背面为顺序铺排在框面上，再用另一个木框依照前面所说的方法填满泥炭粉，并盖在第一个框上，这也就构成了钱的底、面两个模框。这之后，要将其翻转过来，拿去前框，全部的前模便脱落在后框上面。依此做法将十多套框模通通合拢起来，用绳索捆绑后使其固定。然后铸工用鹰嘴钳把熔铜用的坩埚从炉中取出，把熔液缓慢倒进模子里。待铜液冷却后，解开绳索、拿下木框，这样铜钱就像树上结出的果实一样呈现出来。模子里原本留有供铜液流动而设计的沟槽，等到铜液冷却后，沟中的部分便呈现为树枝的形状。然后将铜树夹出，将其一一剪断，再打磨过其边缘之后，才会真正成为铜钱的形状。"

这就是钱树的由来。

东汉后期，契丹族刚刚走出襁褓，尚裹挟在鲜卑族群中。虽然该民族此时已发展成几个有血缘关系的族群，但与鲜卑慕容、宇文等大部落相比，契丹族还只是任由大部落驱使的奴仆。所以，尽管契丹族此时已掌握了冶铸技术，并仿铸出具有明显自己种族特征的钱币，如"小泉直一"、"大泉五十"等；但客观地说，此时的钱币仍不能称为契丹族铸币。因为契丹族还未成为一个举世公认的独立民族。此时的契丹铸币充其量只能称为"契丹（族群）铸币"。

自契丹古八部于北魏登国年间与库莫奚分背后，始成为一个独立的民族，所铸造的钱币才是名副其实的契丹族铸币。此时仿铸的北魏、北齐、北周钱币，如"大泉五铢"、"太元货泉"、"常平两铢"、"永传万国"等等具有契丹风貌的变异钱币，才实实在在称得上是"契丹（古八部）钱币"。

契丹大贺氏部落联盟时期，因整个民族都成为大唐王朝的一个部分，虽然羁縻民族与内地统属民族相比尚有较多的独立性，但降附

铸钱图

铸钱图

模印钱母

之民的身份是大唐上下一致的认识。所以此时的契丹族钱币，如仿铸的具有契丹风貌的钱币"开元（通）宝"、"乾元重宝"、"高昌吉利"等，只可称为大唐王朝地方政权铸币，或"契丹（大贺氏联盟）铸币"。

真正在完全意义上可以称为契丹族铸币的，应是契丹遥辇汗国时期的铸币。因为契丹的国家地位已得到唐、回鹘的承认，契丹族已不是某大国的降附之民。契丹汗国作为一个独立国家，有铸造本国钱币的全部权力，所以此时期汗国所铸造的钱币都是契丹国家的钱币，此时铸币名称应为"契丹（遥辇汗国）铸币"。

契丹族英雄耶律阿保机，于907年在遥辇汗国基础上建立的大契丹帝国，所铸钱币在中国钱币史和世界钱币史上确立了真正国家钱币的地位。契丹钱币不仅在本国的政治经济生活中发挥了重大作用，而且受到周边国家的欢迎和重视，成为国与国之间贸易的"硬通货"。契丹人往往把本国钱币和财宝一起进行贮藏，

说明在契丹人心目中本国钱币已不仅是物资交换媒介，而更重要的是天皇帝（天神）颁制的圣物，是传达天皇帝（天神）旨意的"王信"。这个时期大契丹帝国的铸币才是金融学上完整意义的契丹帝国货币，而它独特的把钱币政治化、神圣化的思想对后世的影响久久回萦在中国大地。

大契丹（大辽）国灭亡前后，契丹族和原契丹境内的其他民族相继建立的后继政权或起义政权，如北辽、西辽、西北辽、东辽、后辽等国，以及东丹、兴辽、大渤海、大奚等政权，都虔诚地贯彻了铸币政治化、神圣化高于经济化的主张，铸造了自己极具政治象征意义的国家钱币。这些钱币经济意义虽不大，但其宣示的契丹人（包据契丹国汉人、渤海人、奚人）敢于反抗压迫、勇于和邪恶斗争、不屈不挠、前仆后继、视死如归、誓死与外部抗争的民族傲骨，深深地融入到北方人民的基因里。这段时间的契丹铸币充满悲怆和凄凉、哀惋与忧伤，它伴随着契丹民族融入华夏民族之中而

"天德元宝"光背小平铜钱树
后辽国天德帝耶律金山天德年间铸造。

消逝，成为绝唱。这个时期的契丹铸币应称为"后契丹时代铸币"。

契丹民族长达一千多年的铸币实践，经历了仿铸、试铸、自铸早期、自铸中期、自铸晚期等多个发展阶段，在冶铸技术和工艺方法上也经历了陶范、金属范干型浇铸和翻砂型湿型浇铸的阶段。应该说唐代高度发达的金属冶炼和钱币铸造技术是契丹钱币铸造的基础，是契丹铸钱业发展壮大的导师。

契丹自唐中期学会了翻砂铸造钱币技术后，在实践中不断摸索完善，并发明了木雕整体钱模、铅锡铸母等有助于提高产品质量、产品数量的铸造工艺，并把契丹民族有意显示本民族与外界抗争的傲骨雄心通过钱币文字、形制的独特变异，表现得淋漓尽致，使契丹钱币成为中国古代钱币中独树一帜的种类。

由于契丹与唐同步进入翻砂铸造钱币时期，许多翻砂铸造前期存在的技术、工艺的不完善、不科学之处，在契丹早中期钱币铸造中大量存在，特别在主要用于流通使用的年号小平钱中"涨箱"、"印模浮浅"等工艺缺陷造成的"漏铸"、"错范"、"平夷"的质量问题比比皆是。反之，折二以上大钱和非年号钱就很少有平钱类似的质量问题，个个面目清晰、制作精良。这反映出契丹部分钱质量低劣的原因不完全是技术问题，更主要并起主导作用的是朝廷注重钱币的政治作用，忽视钱币的经济功能的铸币思想在作怪。这种潜藏在契丹铸币表面现象背后的根源，涉及契丹的历史、宗教、种族的方方面面，需要人们花大气力去挖掘去研究。眼下要解决的问题是不要被契丹铸币的表面现象所迷惑，更不能一叶障目、以偏概全，歪曲契丹铸币的独特与辉煌。

就文物价值而言，钱树要远远超过钱币。钱树蕴含铸造时代的大量信息，它比钱币更具补史之阙的功能。它不仅能反映出那个时代的社会经济状况，更能反映出当时的货币制度与政策。

"大同通宝"背上俯月小平铜钱树面

大辽国太宗皇帝耶律德光大同年间铸造。

契丹族源探秘

契丹族源出鲜卑，鲜卑是黄帝后裔。唐李延寿撰《北史》中说："黄帝之子曰昌意，昌意之少子受封北国，有大鲜卑山，因以为号。鲜卑其先有熊氏之苗裔，世居北夷，邑于紫蒙之野，号曰东胡。"

公元前206年，匈奴冒顿单于（公元前220—公元前174年）率匈奴军将东胡联盟击溃。退守大鲜卑山（今内蒙古科尔沁右翼中旗西哈勒古河附近的大罕山）的一个东胡残部以山为族名，始称"鲜卑"。鲜卑即为契丹族产生的本源。

葛乌菟为匈奴苗裔，原居阴山，是鲜卑宇文氏的始祖。《周书·文帝纪》说他"雄武多算略，鲜卑慕之，奉以为王，遂为十二部落，世为大人"。约公元1世纪，匈奴西迁，宇文部南下，葛乌菟独立，号"鲜卑俟汾氏"（"俟汾"，鲜卑语"药草"或"天王"之意），日渐强盛后，换"俟汾"为"宇文"。宇文十二部落中即包括若干契丹部落。

奇首可汗，名投鹿侯，契丹始祖，鲜卑族宇文部人，葛乌菟子孙辈，大约汉和帝元初元年（114）生于辽东辖赖县都庵山世里地区（今内蒙古阿鲁科尔沁旗朝格图山），汉顺帝阳嘉年间（132—135）与匈奴裔的夫人结婚，三年后生檀石槐，后又陆续生子七人，各居分地。这样，一个鲜卑父匈奴母的新的部族形成，自号契丹。契丹作为宇文部中的分支氏族部落联盟，自此登上历史的舞台。

檀石槐（137—181），奇首可汗投鹿侯之子，鲜卑汗国的创建者。东汉桓帝时（146—167），檀石槐建汗庭于高柳（今山西省阳高县）北300里之弹汗山（今内蒙古商都县附近）歠仇水（今东洋河）。由于兵强马壮，才智过人，东西大部人皆归附。檀石槐东败夫余，西击乌孙，北逐丁零，南扰汉边，尽有匈奴故地，建立起一个强盛的鲜卑汗国。东汉桓帝永寿、延熹年间（155—167），他将

统辖地分为东、中、西三部约60邑，各置大人为首领，归其统辖。契丹族八部落即在东部鲜卑中，历汉、魏、隋、唐，世为君长。

契丹贵族驼车出行图

据考证，契丹族出自鲜卑，是黄帝后裔，最初以游牧为主要生活方式。

181年，檀石槐死，子和连不胜其任而导致联盟崩解。东部鲜卑宇文、慕容、段三大部先后独立。东晋建元二年（344），慕容部首领慕容皝亲自统帅二万劲骑大举征伐宇文部，大破其众，占领了宇文鲜卑的根据地紫蒙川，宇文鲜卑自此散灭。其残余部众，包括库莫奚和契丹，向北逃到了西拉木伦河流域的松漠之间。

北魏建立后，道武帝拓跋珪于登国三年（388）五月北征库莫奚，大获全胜，并渡过了弱洛水（西拉木伦河），大破之，获其四部杂畜十余万。这场战争是中国北方民族发展史上的一次重大事变，它直接导致库莫奚和契丹最终脱离宇文鲜卑体系，并正式走向独立发展成为两大强族的道路。《魏书·契丹传》说："契丹国，在库莫奚东，异种同类，俱窜于松漠之间。登国中，国军大破之，遂逃进，与库莫奚分背。"《辽史·世表》也说《宇文鲜卑传》云"九世为慕容皝所灭"，残余部分"或为库莫奚，或为契丹"。自此契丹正式以独立的面貌被载入史籍。

前契丹时期

前契丹时期的经济发展状况

自登国三年之战与库莫奚分离后，经过半个世纪的休养生息，契丹人元气渐复，开始与北魏建立联系。北魏世祖太武帝拓跋焘太延三年（437），契丹遣使朝献，从而首次被载入史册。太平真君年间（440—450）岁贡名马。北魏显祖献文帝拓跋弘（466—470年在位）即位时，契丹与北魏已交往多年，终于得到正式承认，"得班飨于诸国之末"。自此至6世纪中叶，当为契丹古八部阶段。

形成于魏，延续至隋及唐初的契丹古八部是：悉万丹、阿（何）大何、具伏弗、郁羽陵、日连、匹黎尔、叱六手（吐六于）、羽真侯。

在与北魏的通使、朝贡、互市和共同抵御邻部的袭击中，契丹各部联系日益密切。在5世纪六七十年代，古八部组成了以契丹为核心的联盟。古八部是一个为抵御强邻侵袭而组建的松散的部落联盟，契丹当是联盟的核心，首领当由选举产生。

契丹人的第一个部落联盟，即大贺氏部落联盟。大贺氏联盟形成的时间应是隋末唐初。大贺氏部落联盟经历约100年，仍分八部。《新唐书·契丹传》载，唐朝以达稽部为峭落州，绝便部为弹汗州，独活部为无逢州，芬问部为羽陵州，突便部为日连州，芮奚部为徒河州，坠斤部为万丹州，伏部为匹黎、赤山二州。

大贺氏联盟的君长和各部部长，既是契丹人的最高首领和各部酋长，同时他们又分别为唐代都督府与州的都督、刺史。大贺氏联盟100年中，共产生11位君长（联盟长）。他们为：咄罗、摩会、窟哥、阿不固、李尽忠、失活、娑固、郁于、咄于、邵固、李过折。

730年，大贺氏联盟军事长官可突于杀死君长邵固，立遥辇部屈列为洼可汗，挟持契丹和奚叛唐，投靠了突厥。可突于及其扶植的契

骑射图

此为后唐契丹族画家李赞华（耶律倍）所作。画中契丹武士腰弓持箭，立于马前，正要校正箭杆，似在做出猎前的准备。

丹洼可汗，在734年被大贺氏李过折杀死。735年，耶律氏始祖涅里杀李过折。745年，松漠都督涅里立遥辇俎里（唐赐名李怀秀）为阻午可汗，遥辇汗国正式成立。

此为契丹帝国建立前的大致情况。这一时期，就货币经济而言，可分为三个阶段：

货币经济酝酿期

3世纪初至7世纪初（汉末至唐初）。契丹族自诞生起至古八部大贺式部落联盟形成。

在周围各民族和当地汉族的影响下，契丹人逐步学会了冶炼铸造的方法和技术。私铸、仿铸中原地区钱币已大量存在。

货币经济萌芽期

7世纪至8世纪上半叶（唐初至唐中期），是为契丹族大贺氏部落联盟时期。

因和唐帝国亲密接触，唐朝的先进文化及科学技术逐渐渗透到契丹各阶层。契丹逐渐改变了以牧猎为主的经济结构，农业、手工业、制造业的飞速发展，商业、矿业、制盐业的出现，催生出了契丹的货币经济。大量仿铸唐及周边国家而又具有契丹民族风格的钱币不断涌现。

货币经济初创期

8世纪上半叶至公元907年耶律阿保机建立契丹帝国，是为遥辇氏契丹汗国时期。

由于此时的契丹汗国生活在唐、突厥、回纥等大国之间，故初期发展缓慢。但他们学会了和中、西亚人做生意，了解和掌握了使货币在社会生活中发挥重要作用的方法。所以，当周围大国失去了对契丹汗国的控制时，契丹汗国的货币经济立即得到突飞猛进的发展，随着契丹汗国开国纪念钱和行用钱的投入使用，契丹族正式进入货币经济时期。

前契丹时期的钱币铸造状况

在契丹族未建立契丹帝国前，就开始铸造货币了。但和本民族的历史一样，前期没有自己独立的货币体系，仅以仿铸为主。但到契丹主涅里以后，就开始铸造自己的钱币了。因此，研究契丹钱币不能以契丹国的建立为界限。

捺钵升帐图

帛画，契丹文物，描绘的是契丹皇帝狩猎时的情景之一。"捺钵"，即春季狩猎。

自奇首可汗诞生（114）至契丹族与库莫奚分背独立（390）的276年，为契丹族诞生期。其间，契丹族与鲜卑族的其他族群一起，仿铸了汉、魏、两晋的钱币，如"大泉

"五十"、"小泉直一"、"大泉五铢"、"货泉"、"五铢"等。

自契丹独立的390年至隋亡的618年，这228年时间为契丹古八部时期。其间，契丹八部仿铸了"太元货泉"、"常平两铢"、"太和五铢"、"永通万国"等钱。

自唐武德元年（618）契丹大帅孙敖曹入唐朝贡，至735年涅里杀李过折，大贺氏联盟解体的117年，是契丹大贺氏联盟时期。其间，契丹仿铸了唐"开元（通）宝"、"乾封泉宝"、"乾元重宝"、"高昌吉利"等钱。

唐天宝四年（745），辽始祖、松漠都督、契丹主涅里，将经过几年聚拢改组，并经过近十年休养生息的八部可汗之位，禅让给时任契丹最高军事长官的遥辇氏的遥辇俎里，立其为阻午可汗。阻午可汗登基后，定国体、置官吏、制制度、设礼仪，使契丹初具国家形态。此时，根据汉字隶书增减笔画、改变偏旁创造的契丹文字"胡书"，应已在契丹境内通行。在和唐发生冲突后，阻午叛唐自立，宣布契丹遥辇汗国成立。首汗阻午可汗铸汗国开国纪念钱"大丹国宝"、"大丹重宝"，宣示国家的建立。大丹国号钱制作古拙，钱文粗犷，形制简率，应为草创之试行铸造之品。阻午后，历代遥辇可汗均有续铸，故存世尚较多。"大丹重宝"见有背阴刻契丹文"宸令宜速"的传达王信专使用钱，其作用相当于以后的符牌，有金、银、铜三种钱存世，应是根据信使等级不同而颁行。"宸令宜速"是最早见于契丹钱币上的契丹文。

唐会昌二年（842），契丹遥辇汗国耶澜可汗转奉唐朝，唐承认其附属国地位。耶澜可汗首铸汗国行用流通钱"通行泉货"。平钱有十九种版别，见有小平、折三、折五等级钱和金、镏金、银、铁钱。此时，契丹货币经济已初具规模，在汗国国家机构中，已设诸坊管理金属器物冶炼铸造事务。

唐咸通十一年（870），辽德祖元年，契丹迭剌部夷离堇撒剌"以土产多铜，始造钱币"，这是撒剌的为迭剌部自己开铸汗国的"通行泉货"。

"大丹重宝"铜钱

遥辇汗国时期铸造，背契丹文"宸令宜速"。

唐天复元年（901），辽太祖耶律阿保机被痕德堇可汗任命为迭剌部夷离堇，连破室韦、于厥及奚，俘获甚众。十月，辽太祖耶律阿保机被痕德堇可汗任命为契丹汗国最高军事长官大迭烈府夷离堇。阿保机制调兵用金鱼符和契丹文"勅走马"专递金、镏金、银牌。

契丹坑冶（即山冶铸）始自本年太祖并室韦之后。因室韦之地产铜、铁、金、银，其人善作铜铁器。又收曷术部，置三冶：柳湿河、三黜古斯、手山。太祖分管理金属器物冶炼铸造事务的坊官为五坊、八坊。五坊管冶铸，八坊管器物制作和御用鹰、马的驯养。五坊最早著于史册者为铁坊，八坊为鹰坊。坊设详稳司管理，设详稳、都监、坊使、坊副使等职官。

唐天复二年（902），契丹汗国大迭烈府夷离堇阿保机将兵四十万伐河东代北，攻下九郡，获生口九万五千，驼、马、牛、羊不可胜记。还师在燕山麓得银铁矿，命置冶。九月，城龙化州，始建开教寺。

唐天复三年（903）春，契丹汗国大迭烈府夷离堇阿保机伐女真，获户三百。九月，攻下河东、怀远等军。十月掠蓟北，俘获以还，创奚迭剌部，分十三县。耶律阿保机拜契丹遥辇汗国于越，总知军国事，为代天巡狩笼络各部人心，特创铸"丹贴巡宝"系列凭证式套币，一组六枚。现存世辽太祖和辽圣宗各一套"丹贴巡宝"。辽太祖"丹贴巡宝"钱，可见一贴型"丹贴巡宝"、五贴型"五贴泉宝"、十贴型"巡掷拾贴"、百贴型"百贴之宝"、特赏百贴型"百贴大吉"、千贴型"巡宝千贴"、万贴银铤型"万贴泉货"、黄金质万贴型"巡贴直万"六种单位八个品种套币。五贴型"五贴泉宝"后因钱文单位不协调被废止。万贴银铤型"万贴泉货"被黄金质万贴型"巡贴直万"替代。这套凭证式套币，主要作为巡狩时接受赏赐人领取实物赏赐的凭证。这套凭证式套钱，是中国钱币史上最有创意的品种，为阿保机赢得民心作了有力的支持。

唐天祐元年（904），阿保机扩建龙化州之东城。九月，大破室韦。

唐天祐二年（905），阿保机与晋王李克用结为兄弟。晋王赠金缯数万与阿保机。攻刘仁恭，拔数州，尽徙其民以归。

唐天祐三年（906）二月，复击刘仁恭。还，袭山北奚，破之。汴州朱全忠（朱温）遣人浮海奉书币、衣带、珍玩来聘。此处之书币，币应不是唐币，而应是明年朱全忠灭唐自立建国"梁"的"开平通宝"和"开平元宝"样币。书应是通知阿保机他已接受唐哀帝的禅位，明年登基的通知。这件事应是坚定阿保机接受痕德堇可汗禅让登天皇帝宝座的最重要的动力。

"通行泉货"背下仰月小平铜钱树

遥辇汗国时期铸造。

前契丹时期的钱币铸造状况

（618—730）大贺氏部落联盟，大贺氏后改姓李氏。（见表一）

表一

契丹君长	咄罗	（9）	戊寅	618
契丹君长	摩会	（20）	戊子	628
松漠都督	窟哥	（5）	戊申	648
松漠都督	阿不固	（7）	癸丑	653
松漠都督、无上可汗	李尽忠（后改号尽灭）	（21）	乙亥	675
松漠都督、松漠郡王	李失活	（21）	丁酉	697
松漠都督、松漠郡王	娑固	（2）	丁巳	718
松漠都督、松漠郡王	郁于	（3）	庚申	720
松漠都督、辽阳郡王	咄于	（2）	癸亥	723
松漠都督、广化郡王	邵固	（5）	甲子	725
松漠都督、北平郡王	李过折	（1）	乙亥	735

契丹汗国时期的契丹君王

（730—907）契丹汗国，遥辇氏。（见表二）

表二

洼可汗	遥辇屈列	（5）	己巳	730
唐松漠都督、契丹八部君长	耶律涅里	（10）	乙亥	735
松漠都督、崇顺王、契丹王、阻午可汗	遥辇俎里（汉名李怀秀）	（11）	乙酉	745
唐松漠都督、恭仁王、契丹王、胡刺可汗	遥辇楷落	（33）	丙申	756
契丹王、苏可汗	遥辇俟利	（19）	乙巳	789
契丹王、鲜质可汗	遥辇合孙	（12）	戊子	808
契丹王、昭古可汗	遥辇衣裔	（22）	庚子	820
唐云麾将军、契丹王、耶澜可汗	遥辇屈戌	（18）	壬戌	842
契丹王、巴刺可汗	遥辇习尔（习尔之）	（42）	庚辰	860
契丹王、痕德堇可汗	遥辇钦德	（5）	壬戌	902

契丹古八部时期的非年号钱

从东晋建元二年到唐武德元年(344—618)，是契丹族的"古八部"（奇首八部）时期，是中外古籍最早披露契丹族早期活动时期。此时已距契丹自己认为的族属诞生期"宗分佶首，派出石槐"（《耶律羽之墓志铭》。佶首即《辽史》上记载的契丹始祖奇首可汗，石槐则是著名的鲜卑首领檀石槐）有二百多年时间。契丹作为鲜卑宇文部的组成部族，二百多年间始终生活在部落联盟分裂再联盟再分裂的反复之中，到公元三世纪时，契丹八个兄弟部落都已发展成具有独立生存能力的部落。经过二百多年经济贸易生活的磨练，契丹人已学会私铸或仿铸金属铸币，除翻铸中原政权发行的流通币外，也仿铸了一些具有契丹特点的金属铸币。古八部形成后，翻铸仿铸中原政权钱币的技术日趋成熟，翻铸仿铸中原钱币的品种数量不断增加，有力地促进了契丹部落的开化和进步。这个时期契丹人只是仿铸，但仿铸中有意对部分钱改变形制、风格、文字，应算作最早的契丹非年号钱，其主要品种有以下几种。

契丹族诞生期

自奇首可汗出生的汉安帝元初元年到东晋建元二年（114—344）。

五铢：改变文字、风格。有数个品种。极少，珍。

小泉直一：用"胡书"改写钱文或改变形制。有两三个品种。极少，珍。

大泉五十：改变文字、风格、形制、背饰或用"胡书"改写钱文。有多种版别。罕少，珍。

大泉五铢：改变文字、风格、形制、背饰或用"胡书"改写钱文。有多个品种。极少，珍。

契丹族古八部时期

自东晋建元二年到唐武德元年（344—618）。

常平两铢：用"胡书"改写钱文、改变形制。有多个版别。极罕见，大珍。

永通万国：改变形制。仅一种版别。罕少，珍。

永通泉货：改写钱文、改变形制。仅见一种版别。极罕，珍。

太元货泉：改变文字、风格。见有三四种版别。罕少，珍。

大贺氏部落联盟时期的非年号钱

从唐武德元年到唐开元十八年（618—730）的112年时间，是契丹族大贺氏部落联盟时期。隋末，契丹役属于突厥。唐初，突厥颉利可汗袭位，以侄突利可汗主管东部契丹、靺鞨诸部事务。突利敛取无度，激起不满，自武德至贞观间，契丹各部相继入贡或投附唐朝。武德四年（621），"大帅"孙敖曹与靺鞨酋长突地稽入朝六年，"君长"咄罗遣使贡名马、丰貂。贞观二年（628），"其君"摩会率其部落来降，二十二年，窟哥等部请内附，大酋辱纥主曲据（一作据曲，又称李去闾）率众来归。唐对归附来的契丹大贺氏部落联盟各部及联盟外契丹各部均采取羁縻方式进行管辖，648年在契丹松漠地区设置松漠都督府，以窟哥为都督，封无极男，赐国姓李氏，以示优崇。设十州分别安置契丹主、大帅和八部落，以八部长为各州刺史。窟哥后共有联盟长七人，皆出自大贺氏。阿卜固（又作阿不固）为窟哥继任，世系不详，当为其子或侄，显庆五年（660）因起兵反唐被俘杀。其后任李尽忠为窟哥曾孙（一说为窟哥孙），万岁

"太元货泉"铜钱

契丹族古八部时期铸造。

契丹文"开元通宝"铜钱

大贺氏部落联盟时期铸造。

通天元年（696）死于反唐战争。自开元二年（714）失活遣使降唐，至十八年邵固被杀，大贺氏部落联盟被遥辇汗国取代，其间的五任联盟长失活、娑固、郁于、吐于（又作咄于）、邵固皆为李尽忠兄弟行。大贺氏联盟有人口二十至三十万人，军队近五万人。其经济已由单一畜牧业发展成农、牧、猎、渔、手工业多业共同发展的多元经济。钱币已从圣物、祭祀物、佩饰物逐渐变为交易媒介，仿制数量也大幅增长。

开元（通）宝：改变钱文、形制、风格、背饰。仅见一种版别。极罕见，大珍。

乾封泉宝：改变钱文、形制、风格、背饰。见有多种版别。罕见，珍。

乾元重宝：改变钱文、形制、风格、背饰。见有多种版别。罕见，珍。

高昌吉利：改变钱文、形制、风格、背饰。仅见一种版别。极罕见，大珍。

遥辇汗国时期的非年号钱

自唐开元十八年至唐天祐三年（730—906）的176年时间，是契丹族遥辇汗国时期。唐开元十八年（730），大贺氏部落联盟军事首长静析军副使可突于，杀联盟长邵固，另立遥辇氏屈列为契丹主。唐开元二十二年（734），牙官李过折袭杀可突于和屈列，被唐封为松漠都督、北平郡王。735年李过折又被耶律氏始祖、夷离堇涅里杀死，涅里任松漠都督。744年涅里立遥辇姐里为阻午可汗。745年，唐封阻午可汗为松漠都督、崇顺王，赐名李怀秀，以皇室女静乐公主妻之，不久新娘被杀，契丹再叛。唐范阳（今北京）节度使安禄山企图以武力征服契丹，751年，安禄山发兵攻入契丹境内，但是被打败，损失惨重。755年，他又派出一支更强大和经过充分准备的军队进攻契丹。这一次安禄山的军队取得了胜利，契丹人被击溃。《辽史·营卫志》："太祖四世祖耨里思，时为迭剌部奚离堇。遣只里

"大丹国宝"背上月下星铜钱

遥辇汗国时期铸造。

姑逆战潢水南，禄山大败。"《萧塔葛传》："八世祖只鲁，遥辇氏时，尝为虞人。当安禄山来攻只鲁战于鲁山之阳，败之。以功为北府宰相。"由此可见契丹是时兵力之强。自755年战败后，契丹中衰，投附回鹘八十余年，其间传苏、鲜质、昭古三可汗。唐武宗会昌二年（842），回纥破，耶澜可汗屈戌重归附于唐，授云麾将军、松漠都督、契丹王，赐"奉国契丹印"。再传巴剌可汗、痕德堇可汗。906年，痕德堇可汗疽，临终禅位于大于越耶律阿保机。遥辇汗国终。遥辇汗国755年之前的25年一直处于动乱之中，经济受到重创，农牧副渔手工业均凋弊倒退。投附回鹘的80多年中，契丹得到休养生息，经济逐渐恢复，特别是跟善于贸易的回鹘人学会了经商。和中亚、西亚地区的贸易，使契丹社会正式进入货币交换阶段，铸币也从仿铸进入自铸阶段。

大丹国宝、大丹重宝：开国纪念币。阻午可汗遥辇姐里唐天宝三年（744）正式建遥辇汗国时铸，为契丹第一组自铸币，也是第一种国号钱，更是契丹人为建立契丹汗国所铸的第一种开国纪念币。自唐天宝三年至唐天祐四年（744—906）的162年中，遥辇各代可汗均

有续铸。因铸制时间不同，见有多个版别。极罕，珍。

通行泉货：行用钱。耶澜可汗屈戍（《辽史》把其归功于时任夷离堇的撒剌，实是美化）于唐会昌二年（842）被确认为契丹王，获国印后，为发展契丹国的商业贸易而铸。见有十三种版别和折三钱、篆书钱。罕见，珍。

丹贴巡宝系列钱：特用钱。时任遥辇汗国大于越总知军国事的耶律阿保机代天巡狩时，于唐天复三年至天祐四年（903—906）间所铸。这是一套设一贴、五贴、十贴、百贴、千贴、万贴等七种等级的特殊的兑换凭证钱，是通过赏赐方式让军民领到自己所需物资，以达到对阿保机感恩戴德的政治目的，是阿保机为夺取汗位而精心策划的收买人心的工具。统和年间（983—1013），萧太后以辽圣宗的名义也重铸了一套丹贴巡宝系列钱，目的是通过巡幸各地赏赐得力官员以巩固自己的统治。由于目的不同，两套钱形制、钱文有显著区别，很好区分。目前见有形制大小不同、材质性质不同、文字写法不同、形状方圆不同的品种二十余种。罕少，珍。

附：前契丹时期钱树赏析

金质钱树

"通行泉货"背上星小平金钱树

遥辇汗国时期铸造。

铜质钱树

"通行泉货"背下星小平铜钱树

遥辇汗国时期铸造。

"通行泉货"背下左星小平铜钱树

遥辇汗国时期铸造。

铅质钱树

"通行泉货"光背小平铅钱树

遥辇汗国时期铸造。

契丹帝国时期

契丹帝国时期的经济发展状况

货币经济发展期

契丹太祖元年（907）至辽景宗乾亨四年（982）为契丹族货币经济发展期。

经过耶律氏几代人的努力，907年，瓜熟蒂落，耶律阿保机顺利地登上了天皇帝宝座。阿保机作为契丹族的千年英主，不但武功空前而且文治绝伦。他制定的"一国两制"国策，实行的南北官制，以及"化祖为神，化家为国"的治国策略，在中国文明史上都有着极其重要的里程碑式的崇高地位。阿保机也是把钱币的政治经济功能发挥到极致的魔术大师级的"铸钱高手"。他根据契丹的实际情况，为更好地实现"化祖为神，化家为国"的治国策略，制定了充分发挥国钱政治宣教功能，而把经济媒介作用主要交给翻铸引入的外国钱的货币政策。他利用钱币的"王信"功能，把契丹钱币打造成契丹人心目中的"圣物"，使人民从心里相信耶律皇帝就是神，心悦诚服地服从帝族的统治。

这个时期，在契丹经济生活中起着推动经济发展作用的是掠夺来的与沿边各国贡献的外国钱币。契丹帝国虽铸造了多种行用钱，但在"圣物"观念影响下，这些国钱多被收藏或作为"护身符钱"佩戴，并没有在经济生活中起到货币作用。辽太宗统治的二十年（927—947）是契丹族历史上的第一个辉煌时期。太宗皇帝继志述事、励精图治，对内大力发展经济，与民生息，对外扶植附庸，减少直接战争。天显后期及会同中前期，契丹货币经济已发展为都市百万、物积如山、商旅贡者络绎于途的强势经济，后经天禄、应历两朝内乱虽有些衰落，但仍是当时世界上最繁荣的经济之一。

货币经济繁荣期

辽圣宗统和元年（982）至辽道宗清宁元年（1055）为契丹族货币经济繁荣时期。

世宗、穆宗两朝内乱造成的经济政治衰退，在景宗朝得到了遏制。在汉官的支持下，景宗对政治经济制度进行了大刀阔斧的改革，实行民族平等、解放奴隶、减少赋税、增加农业人口等政治措施。货币经济上采取了把年号钱投入流通，增加钱币品种（首开顺读年号钱铸造），扩大翻铸宋钱数量的办法，加快商品流通，促进贸易发展，使衰退的货币经济恢复了生机，为圣宗、兴宗的经济繁荣奠定了坚实的政策基础。

"澶渊之盟"使契丹赢得了一百多年的和平发展机会。突然减少的军费开支及猛然增加的巨额岁币银绢，使契丹的货币经济得到井喷式的发展。为适应新时期国民经济的需要，契丹人扩大了与中西亚的金、银钱贸易，凿开大安山，大量翻铸刘仁恭的五代钱，以马、牛、羊、铁钱大量换取宋朝铜钱，使契丹帝国的货币经济出现了供用两旺的繁荣时期。

货币经济鼎盛期

辽道宗清宁元年（1055）至天祚帝天庆五年（1115）为契丹族货币经济鼎盛期。

此时期契丹货币经济如似锦繁花，似烹油烈火，钱不胜多，物不胜丰。东京所铸钱至清宁中始用。户部征遥户旧钱，一次竟得四十余万襁。户部每岁收入的羡余钱竟达三十万襁。国家有充足的财力赈灾济贫。其时货币经济虽未有贯朽不可校之积，亦可谓富矣。

然而至道宗末年，朝政昏庸，内叛连

辽太祖耶律阿保机雕塑

位于内蒙古巴林左旗林东镇，当年辽上京所在地。

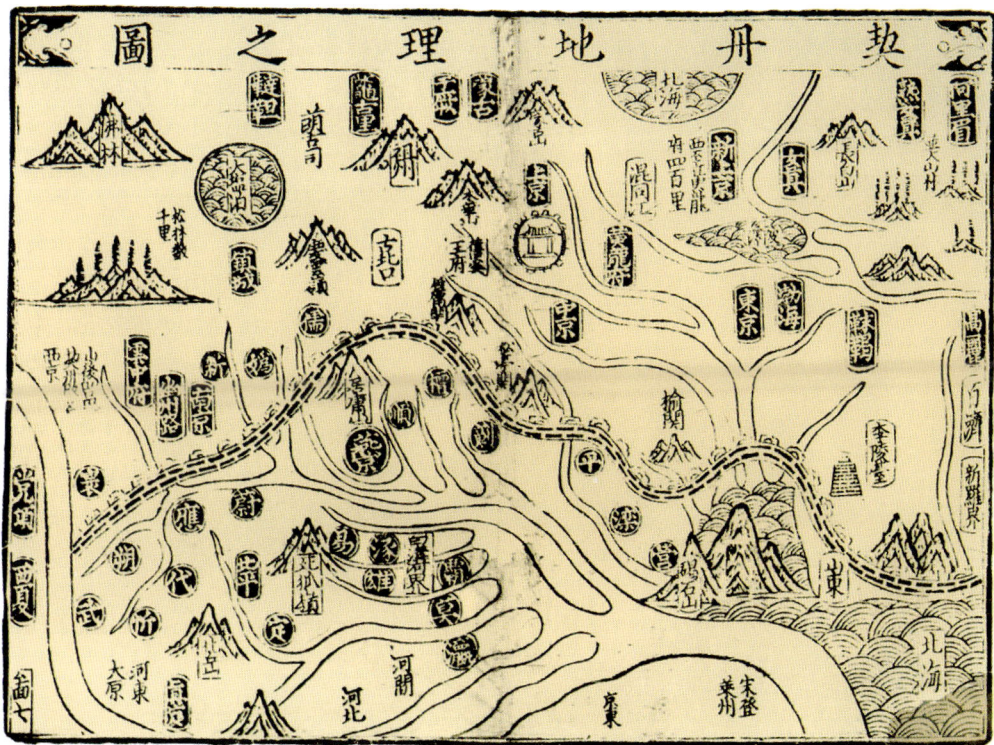

契丹地理之图

地图中主要表现了辽国（即契丹）疆域、山川大势、京府州镇、长城关塞以及邻国部族等内容，采用了中国古代地图传统的形象绘法。

连，军费浩大，天灾人祸层出不穷。契丹的货币经济如落花流水春去也，鼓铸仍旧，国用不给。天祚之世昏庸倍甚，游猎无度，只出不进，上下穷困，致使库府无余积，一步步走向自掘的坟墓。

货币经济衰亡崩溃期

天祚帝天庆五年（1115）至天祚帝保大五年（1125）的十年为契丹族货币经济衰亡崩溃期。

女真的反叛及建国，天灾人祸造成的遍地灾荒，盗贼蜂起，吞噬了契丹几百年来积累的社会财富，契丹族社会经济全面崩溃。随着契丹族流向四方，契丹货币财富也流布到中国各地，契丹族货币经济伴随着大契丹的消亡，在中国大地留下了一声长长的哀叹。

契丹帝国时期钱币铸造状况

唐天祐四年（907）春正月庚寅，耶律阿保机命有司设坛于如迁王集会埚，燔柴告天，即皇帝位。群臣上尊号曰天皇帝，后曰地皇后，定本年为天皇帝元年，建契丹语国号"天朝"，汉音译国号"大契丹"。铸开国流通纪念钱契丹文钱"天朝万岁"，汉文钱"皇帝万岁"，大契丹国国家行用钱为契丹文、汉文两铸"千秋万岁"钱。三种钱均为小平、折二、折三、折五、折十、当百、当千、当万八等钱制。并规定象征大契丹命运长久万代永固的"千秋万岁"钱要代代行用。铸金鱼符调发兵马，银牌二百捉马及传令。

天皇帝二年（908）春正月癸酉朔，御正

契丹文"天朝万岁"背上星小平铜钱树

大辽国太祖皇帝耶律阿保机建国初期铸造。

殿，受百官及诸国使朝。铸"夡龙谢钱"背"家国永安"钱赏百官，铸"乔龙谢钱"赐诸国使。后唐庄宗告哀于契丹，赂以金缯求救兵。

天皇帝三年（909）夏四月乙卯，诏左仆射韩知古建碑龙化州大广寺以纪功德，铸"福德长寿"背"火金水木"钱以祀之。五月甲申，置羊城于炭山之北，以通市易。此时契丹所造镏金铁甲、镏金银甲已誉享四域。手工业的发达已雄冠华夏。刘仁恭萆幽州府积实，营大安山以自固，穴数百钱山中。

天皇帝五年（911）五月，皇弟剌葛、迭剌、寅底石、安端谋反，得实。上不忍加诛，乃与谋弟登山刑牲，告天地为誓而赦其罪。铸"家国永安"钱赐诸皇弟及群臣，劝诫臣民要以家国平安为国之要务。冬十月戊午，置铁冶。建祖州城，周九里，除宫殿官廨外，有绫锦院，有横街，有四楼下连市肆。

天皇帝六年（912）七月，阿保机亲征术不姑，降之。俘获以数万计。是岁，以兵讨两冶，

以所获僧崇文等五十人归西楼，建天雄寺以居之，以示天助雄武。是年，遣使赴长沙，贺楚王马殷六十寿诞。寿礼中有特铸"乾封泉宝"背"福德长寿"大型金银铜三色祝寿钱、"乾元重宝"大型金银铜三色礼钱及珍玩等物。

天皇帝七年（913）夏四月，闻诸弟面木叶山射鬼箭厌禳，乃铸"千秋万岁"背"射鬼箭仪"钱，执叛人解里向彼，亦以其法厌之。五月壬戌，时大军久出，辎重不相属，士卒煮马驹、采野菜以为食，孳畜道毙者十七八，物价十倍。

天皇帝八年（914）冬十月甲子朔，建开皇殿于明王楼基。铸契丹文"天行太平"金银铜三材吉语钱。传世见有"开皇殿令避符牌"一面可证明此事的真实。

天皇帝九年（915）十月，新罗遣使贡方物，高丽遣使进宝剑，吴越王钱镠遣滕彦休来贡。是岁，君基太一神数见，诏图其像。建安国寺，铸"天公安国"金钱赏赐有功之臣。

大契丹神册元年（916）春二月丙戌朔，

阿保机和皇后述律平在龙化州接受百官所上尊号：帝尊号大圣大明天皇帝，后尊号应天大明地皇后。建元神册。

初，掘地为坛，得金铃，因名其地曰"金铃岗"，坛侧满林曰"册圣林"。始铸汉文年号钱"神册元（通）宝"。这是契丹族年号钱之开山之作。自此以后，规定年号钱仅铸元宝、通宝两种。等级为小平、折二、折三、折五、折十五等，金银铜三材同模三铸，不投入流通，仅作为赏赐、祭祀、聘享等用。年铸金、银、铜钱各五百贯。

神册通宝见有背星月纹、云纹、"丹"字、"天"（丹上有一捺一撇）、背阴刻契丹文"契丹万年"、"一统天下"励志语等版别，钱文亦有数种版式。汉文钱存世另有"神册元年"纪年钱。

"神册通宝"折五背阴刻契丹文"一统天下"金钱
大辽国太祖皇帝耶律阿保机神册年间铸造。

是年还铸有契丹文"神册元年"光背和背星月纪年钱、"契丹元（通）宝"国号钱、"神册元（通）宝"年号钱，以及契丹文"神册元年"背铸高浮雕天皇帝地皇后像的祭拜护身符钱和"福德长寿"背"神册"贺天皇帝寿诞钱。

同年三月丙辰，以迭烈部夷离堇曷鲁为

阿卢朵里于越，铸"重臣千秋"钱分赏百官。立子倍为皇太子。铸金银铜镂空"三光（日月星）"挂钱，赐百官以宣示"王信"。铸契丹文"泰皇万国"钱以祝耶律倍被立为皇太子。

同年六月庚寅，吴越王遣滕彦休来贡。

秋七月壬申，太祖亲征突厥、吐浑、党项、小蕃、沙陀诸部，皆平之。俘其酋长及其户万五千六百，铠甲、兵杖、器服九十余万，宝货、驼、马、牛、羊不可胜算。

神册三年（918）二月，达旦国、梁遣使来聘。癸亥，城皇都，以礼部尚书康默记充版筑使。晋、吴越、渤海、高丽、回鹘、阻卜、党项及幽、镇、定、魏、潞等州各遣使来贡。五月乙亥，诏建孔子庙、佛寺、道观。

神册四年（919）二月丙寅，修辽阳故城，以汉民、渤海户实之，改为东平郡，置防御使。秋八月丁酉，谒孔子庙，命皇后、皇太子分谒寺观。冬十月丙午，次乌古部，命皇太子将先锋军进击，破之，俘获生口万四千二百，牛马、车乘、庐帐、器物二十余万。

神册五年（920）春正月乙丑，始制契丹大字。夏五月丙寅，吴越王复遣滕彦休贡犀角、珊瑚。庚辰，有龙见于拽剌山阳水上，上射获之，藏其骨内府。九月壬寅，大字成，诏颁行之。

神册六年（921）夏五月丙戌朔，诏定法律，正班爵。丙申，诏画前代直臣像为"招谏图"。铸四"卍"字背弦文、阴刻契丹小字"千秋万岁"钱。冬十月癸丑朔，晋新州防御使王郁以所部山北兵马内附。丙子，上率大军入居庸关。十一月，下古北口。丁未，略檀、顺、安远、三河、良乡、望都、潞、满城、遂城等十余城，俘其民徙内地。十二月，与晋王李存勖大战，不利。

天赞元年（922）二月庚申复徇幽、蓟地。癸酉，诏改元。铸"天赞元（通）宝"三材同模五等钱。小平版式有五六种之多，存世稍多。中国现存最早钱谱南宋洪遵《泉志》记

"天赞通宝"背上下双仰月小平铜钱树

大辽国太祖皇帝耶律阿保机天赞年间铸造。

载，天赞钱是最早的契丹钱。十一月壬寅，命皇子尧骨为天下兵马大元帅。遣使为楚王马殷祝七十寿，奉珍币"千秋万岁"背"福德长寿"、"龟鹤齐寿"等钱为祝寿礼钱。

天赞二年（923）闰四月丙戌，尧骨拔曲阳、下北平。是月，晋王李存勖即帝位，国号唐。六月辛丑，波斯国来贡。冬十月己卯，唐兵灭梁。

天赞三年（924）夏五月丙午，渤海杀辽州刺史张秀实而掠其民。六月乙酉，阿保机召皇后、皇太子、大元帅及二宰相、诸部头等诏曰："上天降监，惠及烝民。圣主明王，万载一遇。朕既上承天命，下统群生，每有征行，皆奉天意。是以机谋在己，取舍如神，国令既行，人情大附。舜讹归正，遐迩无愆。可谓大含溟海，安纳泰山矣！自我国之经营，为群方之父母。宪章斯在，胤嗣何忧？升降有期，去来在我。良筹圣会，自有契于天人；众国群王，岂可化其凡骨？三年之后，岁在丙戌，时值初秋，必有归处。然未终两事，岂负亲诚？日月非遥，戒严是速。"闻诏者皆警惧，莫识其意。是日，大举征吐浑、党项、阻卜等部。

八月乙酉，至乌孤山，以鹅祭天。甲午，次古单于国，登阿里典压得斯山，以麃鹿祭。九月丙申朔，次古回鹘城，勒石纪功。庚子，拜日于蹛林。丁巳，凿金河水，取乌山石，辇致潢河、木叶山，以示山川朝海宗岳之意。癸亥，大食国来贡。甲子，诏砻辟遏可汗故碑，以契丹文、突厥文、汉字纪其功。铸契丹文"皇帝万国"钱赏随侍近臣。是月，次业得思山，以赤牛青马祭天地。十一月乙未朔，获甘州回鹘都督毕离遏，因遣使喻其主乌母主可汗。射虎于乌拉邪里山。

天赞四年（925）冬十月，唐以灭梁来告，即遣使报聘。庚辰，日本国来贡。辛巳，高丽国来贡。十一月丁酉，幸安国寺，饭僧。赦京师囚，纵五坊鹰鹘。己酉，新罗国来贡。十二月乙亥，诏曰："所谓两事，一事已毕，惟渤海世仇未雪，岂宜安驻！"乃举兵亲征渤海大諲撰。皇后、皇太子、大元帅尧骨皆从。闰月壬辰，祠木叶山。壬寅，以青牛白马祭天地于乌山。乙酉，次撒葛山，谢鬼箭。丁巳，次商岺，夜围扶余府。

天显元年（926）春正月乙未，白气贯日。庚申，拔扶余城。丙寅，遇谲撰老相兵，破之。是夜围忽汗城。己巳，谲撰请降。辛未，谲撰素服出降。丁丑，谲撰复叛。攻其城，破之。驾幸城中，谲撰请罪马前。诏以兵卫谲撰及族属出。

二月庚寅，以所获器币诸物赐将士。壬辰，以青牛白马祭天地。大赦，改元天显。以平渤海遣使报唐。铸"天显元（通）宝"三材同模五等钱。并铸契丹文"天显通宝"折十型金、银、铜大型钱，可能专用作赏赐。

甲午，复幸忽汗城，阅府库物，赐从臣。丙午，改渤海国为东丹国，忽汗城为天福城。册皇太子耶律倍为人皇王以主之。赐天子冠服，建元甘露，称制。以皇弟迭剌为左大相，渤海老相为右大相，渤海司徒大素贤为左次相，耶律羽之为右次相。赐铸"开丹圣宝"三材三等钱。小平主要有正字及稚拙体两种版式。人皇王自铸东丹年号钱"甘露元宝"钱，存世仅见小平金银铜钱。岁贡布十五万端，马千匹。传世尚见有契丹文"承天甘露"折十型金钱一种，应是当时所铸建元纪念币。

四月，唐主李存勖被弑，李嗣源即位。秋七月庚午，东丹国左大相迭剌卒。辛未，卫送大谲撰于皇都西，筑城以居之。赐谲撰名曰乌鲁古，妻曰阿里只。甲戌，次扶余府，上（阿保机）不豫。是夕，大星陨于幄前。辛巳平旦，子城上见黄龙缭绕，可见一里，闪耀夺目，入于行宫。有紫黑气蔽天，逾日乃散。是日，天皇帝耶律阿保机崩，年五十五，在位一十九年，庙号太祖。天赞三年上（阿保机）所谓"丙戌秋初，必有归处"至是乃验。壬午，皇后述律平矫旨称制，权决军国事。诏人皇王耶律倍携助修山陵钱奔丧。耶律倍命东丹铸"助国元（通）宝"三材同模三等助修山陵钱和图画山陵祭祀大钱，献给朝廷。助国钱元宝易得，通宝难求。小平易得，大钱少见。图画山陵祭祀大钱为手刻孤品，大珍。

九月丁卯，梓宫至皇都，权殡于子城西北石房子。己巳，阿保机被谥为"升天皇帝"，庙号太祖。皇后命铸金、银、铜、铁四材同模绘图"天子乘龙，九州岛同送，万民咸服"大型钱，作为纪念。此后此钱被作为祭祖专用钱，历代均有续铸。同时续铸皇后称制之天显

"天显通宝"绞丝显背下星小平铜钱树

大辽国太祖皇帝耶律阿保机至太宗皇帝耶律德光天显年间铸造。

年号钱。今世所见之天显钱哪种为阿保机所铸，哪种为述律平所铸，哪种为耶律德光所铸已无从分辨。传世之面中契丹大字"天朝万岁"及环刻16个契丹大字背单飞凤银牌当铸于此时。

天显二年（927）秋，葬太祖于祖陵。置神州天城军节度使以奉陵寝。在扶余城西南两河之间太祖行宫建升天殿。改扶余府为黄龙府。

天显二年（927）冬十一月壬戌，人皇王倍率群臣请于后曰："皇子大元帅勋望，中外攸属，宜承大统。"后从之。是日耶律德光即皇帝位，上尊号"嗣圣皇帝"，地皇后被尊为"应天皇太后"。不改元。续铸"天显元（通）宝"年号钱和契丹、汉两种文字于一体的"千秋万岁"中嵌"天显通宝"的钱中钱。东丹国进献"壮国元（通）宝"三材同模三等钱以壮德光登基大典。德光铸"尧舜衢宝"三材三等钱和"尧天舜日"吉语钱赏东丹臣民及

使节，以宣示皇太子禅位和自己接受禅让是尧舜二圣的行为。折五型"尧舜衢宝"背"天"为祭天用钱，异常珍罕。当年，将德祖所设五坊、八坊改为五冶和器物局，设五冶太师以总四方钱铁，设器物局使以总器物制作。天显三年（928）五月丙午，建"天膳堂"。六月乙卯，行瑟瑟礼。八月庚辰，诏建应天皇太后诞圣碑于仪坤州。九月癸巳，以德光生日为天授节，皇太后生日为永宁节。十二月诏耶律羽之迁东丹民以实东平，升东平郡为南京。"东平郡城中置看楼，分南、北市，禺中交易市北，午漏下交易市南。雄州、高昌、渤海亦立互市，以通南宋、西北诸部、高丽之货，故女真以金、帛、布、蜜、蜡诸药材及铁离、靺鞨、于厥等部以蛤珠、青鼠、貂鼠、胶鱼之皮、牛羊驼马、毳罽等物来易于辽者，道路襁属。"

天显四年（929）春正月壬申朔，宴群臣及诸国使，观俳优角抵戏。三月甲午望，祀群神。夏四月壬子，谒太祖庙。癸丑，谒太祖行

东丹王出行图

后唐李赞华作。李赞华，即辽代开国皇帝耶律阿保机长子，封东丹王，通阴阳，知音律，工辽、汉文章，善画契丹人物。

宫。申寅，幸天城军，谒祖陵。五月癸酉，谒二仪殿。戊子，射柳于太祖行宫。癸巳，行瑟瑟礼。秋七月甲午，祠太祖而东。八月辛丑，谒太祖庙。癸卯，幸人皇王第。己酉，谒太祖庙。九月戊寅，祠木叶山。乙卯，行再生礼。

天显五年（930）二月乙亥，诏修南京。丙辰，上与人皇王朝皇太后。太后以皆工书，命书于前以观之。三月乙亥，册皇弟李胡为寿昌皇太弟，兼天下兵马大元帅。六月丁巳，拜太祖御容于明殿。秋七月戊子，荐时果于太祖庙。八月丁酉，以大圣皇帝、皇后宴寝之所号曰月宫，因建日月碑。丙午，如九层台。九月丁亥，自九层台谒太祖庙。冬十月癸卯，建太祖圣功碑于如迁正集会埚。

天显六年（931）夏四月己酉，置中台省于南京。五月乙丑，祠木叶山。壬午，谒太祖陵。闰月庚寅，射柳于近郊。秋七月壬子荐时果于太祖庙，东幸。八月庚申，皇子述律生，告太祖庙。

天显七年（932）正月戊申，祠木叶山。二月壬申，拽剌迪德使吴越，吴越王遣使从，献宝器。复遣使持币往之。六月戊辰御制太祖建国碑。秋七月幸巳朔，赐中外官吏物有差。癸未，赐高年布帛。丙戌，召群臣耆老议政。壬辰，唐遣使遗红牙笙。丁未，荐新于太祖庙。八月壬戌，捕鹅于沿柳湖。籍五京户丁，以定赋税。

天显八年（933）秋七月戊寅，行纳后礼。癸未，皇子提离古生。十一月唐主嗣源殂，子从厚立。

天显九年（934）夏四月，后唐李从珂弑其主自立。人皇王倍自唐上书请讨。十二月壬辰，皇子阿钵撒葛里生，皇后不豫。

天显十年（935）春正月戊申，皇后崩于行在。夏四月丙辰，皇太后父族及母前夫之族二帐并为国舅，以肖缅思为尚父领之。五月甲午朔，始制服行后丧。丙午，葬于奉陵。上自制文，谥曰彰德皇后。冬十一月丙午，幸弘福寺，为皇后饭僧，见观音画像，乃大圣皇帝、应天皇后及人皇王所施，顾左右曰："昔与父

母兄弟聚观于此，岁时未几，今我独来。"悲叹不已。乃自制文题于壁，以极追感之意。读者悲之。是年，派专使赴后唐要求互市，互市地点为六州之北野固古，双方签订了交易应遵守的条约。

天显十一年（936）冬十月甲子，封唐河东节度使石敬瑭为晋王。十一月丁酉，册石敬瑭为大晋皇帝。执手约为父子。李从珂杀人皇王，举族自焚。晋帝入洛。石敬瑭及其属赂契丹上下数十万金。太宗获太原马，甲仗五万以归。

天显十二年（937）春正月丁丑，告功太祖行宫。六月甲申，晋献犒军钱十万缗，遣户部尚书请上尊号，及归雁门以北与幽、蓟之地，仍岁贡帛三十万匹，诏不许。八月癸未，晋及太原刘知远、南唐李升各遣使来贡。九月庚申，遣直里古使晋及南唐，续铸"家国永安"聘享钱传赐晋国君臣。冬十月庚辰朔，皇太后永宁节，晋及回鹘、炖煌诸国皆遣使来贺。壬午，诏回鹘使胡离只、阿剌保，问其风俗。丁亥，诸国使还，就遣蒲里骨皮室胡末里使其国。十一月己未，遣使求医于晋。十二月甲申，东幸，祠木叶山。乙丑，医来。

会同元年（938）春正月戊申朔，晋命和凝撰圣德神功碑。二月丁未，诏增晋使所经供亿户。三月壬戌，将东幸，三克言农务方兴、请减辎重，促还朝，从之。五月甲寅，晋复遣使请上尊号，从之。六月癸已，诏建日月四时堂，图写古帝王事于两庑。秋七月戊辰，册晋帝为英武明义皇帝。九月庚戌，黑车子室韦贡名马。壬子，诏群臣及高年，凡授大臣爵秩，皆赐锦袍、金带、白马、金饰鞍勒，着于令。

高丽国每年八节进贡礼物：金器二百两，金抱肚一条五十两，金沙锣五十两，金鞍辔马一匹，铜器一千斤。

十一月壬子，晋使冯道、韦勋为太后上尊号。甲子，德光行再生柴册礼。丙寅，晋使刘昫、卢重为德光上尊号。大赦，改元会同，

铸"会同元（通）宝"三材同模五等钱。传世小平钱有简、繁两个大版别，繁体亦有三四个小版别。

晋高祖石敬瑭

石敬瑭（892—942年），沙陀族人，五代后晋高祖。原为后唐将领，为获取帝位，认比自己小10岁的耶律德光为父，并割让燕云十六州给契丹。

是月，晋以燕云十六州并图籍来献。于是诏建新国号"大辽"，以皇都为上京，府曰临潢，升幽州为南京，南京为东京，并改革了国家官制。铸"大辽镇库"、"大辽国宝"、"大辽元宝"、"大辽会同"等国号纪念钱币，并补铸了"大辽神册"、"大辽天赞"、"大辽天显"等前代年号钱。

太宗得燕，置南京，城北有市，百物山偫，命有司治其征；余四京及他州县货产懋迁之地，置亦如之。铸"都会百万"珍币赏各国贡使。

会同二年（939）春正月戊申，晋贡珍币"开元（通）宝"背"晋"、"高昌吉利"背"天福"、"天福元宝"金、银、铜三色钱，命分赐群臣。丙辰，晋遣使谢免沿边四州钱币。二月癸巳，谒太祖庙，赐在京吏民物，及内外群臣官赏有差。三月己巳，大赏百姓。夏四月乙亥，幸木叶山。五月乙巳，禁南京鬻牝

"会同元宝"光背折三铜钱树（有残）

大辽国太宗皇帝耶律德光会同年间铸造。

羊出境。南唐遣使来贡。遣使赴楚，贺楚王马希范四十寿诞。丁未，以所贡物赐群臣。秋七月戊申，晋遣使进犀带。乙卯，敞史阿钵坐奉使失职，命笞之。闰月癸未，乙室大王坐赋调不均，以木剑背挞而释之；并罢南北府民上供，及宰相、节度诸赋役非旧制者。己丑，以南王府二刺史贪蠹，各杖一百，仍系虞侯帐，备射鬼箭，选群臣为民所爱者代之。八月乙丑，晋遣使贡岁币，奏输戌（会同元年，戊戌）、亥（会同二年，己亥）二岁金币于燕京。契丹与东丹各以羊马贡于南唐，并各另以羊三万只、马二百匹卖与南唐，以所得之价购买南唐所产的罗、纨、茶、药等货物归。

会同三年（940）五月庚午，以端午宴群臣及诸国使，命回鹘、炖煌二使作本俗舞，俾诸使观之。此场面被重现在契丹绘图钱"国主宴乐图"中。八月乙巳，南唐遣使求青毡帐，赐之。丙辰，诏以于谐里河、胪朐河之近地，给赐南北院三石烈人为农田。九月丙戌，晋遣使贡名马。冬十月庚申，晋遣使贡布。丁丑，诏有司教民播种纺绩。除姊亡妹续之法。十二月壬辰朔，率百僚谒太祖行宫。甲午，燔柴，礼毕，祠于神帐。

丙辰，诏契丹人授汉官者从汉仪，许与汉人婚姻。铸各种"国泰民安"和"都会百万"大钱，作节庆钱赏予群臣与外交使臣。

会同四年（941）春正月壬戌，以乙室、品卑、突轨三部鳏寡不能自存者，官为配。二月丁巳，诏有司编始祖奇首可汗事迹。三月，特授回鹘使阔里于越，并赐旌旗、弓剑、衣马。癸酉，晋以许祀南郊，遣使来谢，进黄金十镒。秋七月己巳，有司奏神纛车有蜂巢成蜜，史占之，吉。壬申，晋进水晶砚。冬十月辛丑，有司奏燕、蓟大熟。十一月壬午，以永宁、天授二节及正旦、重午、冬至、腊并受贺，着令。铸"大辽永安"大钱赏群臣。

会同五年（942）春正月戊午，诏求直言，北王府郎君耶律海思应诏，诏对称旨，特授宣徽使。诏政事令僧隐等以契丹户分屯南边。戊辰，晋函安重荣首来献。癸酉，遣使至晋致生辰礼。六月乙丑，晋主敬瑭殂，子重贵立。戊辰，晋遣告哀，辍朝七日。庚午，遣使往晋吊祭。丁丑，闻皇太后不豫，上驰入侍，汤药必亲尝，乃告太祖庙，幸菩萨堂，饭僧五万人。七月乃愈。秋七月庚寅，晋遣使来谢，书称孙，不称臣。遣使让之，晋使答曰："先帝则圣朝所立，今主则我国自册。为邻为孙则可，奉表称臣则不可。"德光始有南伐之意。

会同六年（943）五月乙亥，遣使如晋致生辰礼。六月己未，奚锄骨里部进白麛。辛酉，莫州进白鹊。晋遣使贡金。秋八月丁未朔，晋复贡金。

会同七年（944）春正月甲戌朔，辽军分数路攻晋。辛丑，晋遣使来修旧好，诏割河北诸州。二、三月，辽、晋各有胜负。夏四月癸丑，还次南京。五月遣使赴长沙祝楚王马希范四十五岁寿，并封赠马希范"尚父"称号，特铸"天策都师，楚王尚父"钱以奉献。冬十月壬戌，天授节，诸国进贺，惟晋不至。

会同八年（945）三月，与晋战不利。九月壬寅，次赤山，宴群臣，问军国要务，对曰："军国之务，爱民为本，民富则兵足，兵足则国强。"上以为然。

会同九年（946）八月，南伐。九、十、十一月，辽连战连捷。十二月丙寅，晋统帅杜重威、李守贞、张彦泽率所部二十万众来降，

德光帝上拥数万骑，临大阜，立马以受之。晋帝重贵奉表请罪。

大同元年（947）春正月丁亥朔，德光入汴受百官朝贺。二月，改晋国号为大辽，改元大同，铸"大辽元（通）宝"金银铜铁四材三等钱，"大辽大同"纪年钱。铸"大同元（通）宝"金银铜三材五等钱。几种钱都罕见珍贵，因铸钱时间过于短暂，前后不过四个月。

大同元年（947）夏四月丁丑，嗣圣皇帝耶律德光病故于滦城，终年四十六岁，在位二十年，庙号太宗。耶律阮在南北大王支持下就帝位，庙号辽世宗。

秋闰七月，迁应天太后、李胡于祖州。八月壬午朔，尊母为皇太后，以太后族刺只撒古鲁为国舅帐。九月壬子朔，葬嗣圣皇帝于怀陵。丁卯，群臣上尊号曰天授皇帝。大赦，改大同元年为天禄元年。铸"天禄元（通）宝"三材同模五等钱。同时铸有"大辽天禄"大型国号年号一体钱。耶律吼以劝进功加采访使，赐以宝货，吼辞赏以换族弟。

天禄二年（948）春正月，天德、萧翰、刘哥、盆都等谋反。诛天德，杖萧翰，迁刘哥

"大同通宝"背上星小平铜钱树（有残）

大辽国太宗皇帝耶律德光大同年间铸造。

"天禄通宝"背上俯月小平铜钱树

大辽国世宗皇帝耶律阮天禄年间铸造。

于边，罚盆都使辖戛斯国。

天禄三年（949）春正月，萧翰及公主阿不里谋反，翰伏诛，阿不里瘐死狱中。释志愿葬，皇帝降宣头一道，钱三百贯，以充资助。

天禄四年（950）春二月辛未，建政事省。

天禄五年（951）春正月癸亥朔，汉郭威弑其主自立，国号周。汉刘崇自立于太原。六月辛卯朔，刘崇为周所攻，遣使称侄，乞援，且求封册。愿每年贡钱十万缗，以厚谢。辽遣使册刘崇为大汉神武皇帝。九月庚申，自将南伐。癸亥，祭让国皇帝于行宫。群臣皆醉，耶律察割反，天授皇帝耶律阮遇弑，年三十四，庙号世宗。耶律察割称泰宁帝。后右皮室军详稳耶律屋质领兵杀耶律察割，拥立寿安王耶律璟。丁卯，德光子耶律璟即皇帝位，尊号天顺皇帝，改元应历。铸"应历元（通）宝"三材五等钱，小平见有数种版别。

应历二年（952）九月甲寅朔，云州进嘉禾四茎，二穗。戊午，诏以先平察割日，用白黑羊、玄酒祭天，岁以为常。冬十月甲申朔，汉遣使进葡萄酒。

应历三年（953）三月庚寅，如应州击鞠。丁酉，汉遣使进球衣及马。六月丁卯，应天皇太后崩。八月壬子，以生日，释囚。十一月辛丑，谥皇太后曰贞烈，葬祖陵。

应历四年（954）春正月，周主威殂，养子柴荣嗣立。

应历五年（955）十一月乙未朔，汉主崇殂，子承钧遣使来告，且求嗣立；遣使吊祭，遂册封之。

应历七年（957）夏四月初，女巫肖古上延年药方，常用男子胆和之。不数年，杀人甚多。至是，觉其妄，辛巳，射杀之。萧海璃总知军国事，汉主刘承钧每遣使入贡，必别致币物与璃，诏许受之。

应历九年（959）夏四月丙戌，周来侵，拔益津、瓦桥、淤口三关。五月乙巳朔，陷瀛、莫二州。六月，周主荣殂，子宗训立。

应历十年（960）春正月，周殿前都点检赵匡胤废周自立，建国号宋。

应历十三年（963），北汉于五台之柏谷置银冶采银，每年输契丹千斤。

"应历通宝"背下仰月小平铜钱树

大辽国穆宗皇帝耶律璟应历年间铸造。

应历十四年（964）冬十月丙午，近侍乌古者进石错，赐白金二百五十两。丙辰，以掌鹿剌剠思代斡里为闸撒狨，赐金带、金盏，银二百两。

应历十五年（965）六月辛亥，俞鲁古献良马，赐银二千两。以近侍忽剌比马至先以闻，赐银千两。燕山云居寺设"库司"生息，补兹寺缺。燕京设盐铁判官。

应历十六年（966）春正月甲申，微行市中，赐酒家银绢。六月丙申，以白海死非其罪，赐其家银绢。八月丁酉，汉遣使贡金器、铠甲。十二月，幸酒人拔剌哥及殿前都点检耶律夷腊葛家，宴饮连日，赐金盂、细绵及孕马百匹。

应历十八年（968）春正月己亥，观灯于市，以银百两市酒，命群臣亦市酒，纵饮三夕。六月己未，为殿前都点检夷腊葛置神帐，曲赦京畿囚。秋七月辛丑，汉主承钧殂，子继元立，来告，遣使吊祭。以金银造酒器，并刻鹿纹，贮酒以祭天。

应历十九年（969）春正月己丑，立春，被酒，命殿前都点检夷腊葛代行击土牛礼。甲午，与群臣为叶格戏。二月甲寅，汉刘继元嗣立，遣使乞封册。辛酉，遣韩知范册为皇帝。己巳，近侍六人反，天顺皇帝耶律璟遇弑，年三十九岁，在位一十八年，庙号穆宗。世宗子耶律贤即皇帝位，尊号天赞皇帝，改元保宁，铸"保宁元（通）宝"三材五等钱，并铸有契丹文"保宁通宝"金银折十大钱用于赏赐。

保宁元年（969）五月戊寅，立贵妃萧氏为皇后。丙申朔，射柳祈雨。有司请以帝生日为天清节。置铸钱院总专司北契丹南汉地两套钱监的统一管理，重申太祖规定年号钱不流通，年铸额五百贯的敕令。

恢复巡幸制度，再铸巡宝钱，供巡幸时赏赐各级官吏之用。形制均大于太祖之巡宝钱。

保宁二年（970），外贸出口商品增多，进口增加铜、铁原料。订立银冶规程。铸钟。传世见有镌铭"保宁二年"的特大型"千秋万岁"钱一种。宋禁幽州矾出口，贩一两、私煮三斤、盗官矾十斤者，弃死。

保宁三年（971）春正月庚申，置登闻鼓院。三月乙丑，以青牛白马祭天地。夏四月丁卯，世宗妃啜里及蒲哥厌魅，赐死。己卯，祠木叶山，行再生礼。八月辛卯，祭皇兄吼墓，追册为皇太子，谥庄圣。九月乙巳，赐傅父侍中达里迭、太保楚补、太保婆儿、保母回室、押雅等户口、牛羊有差。冬十月己巳，以黑白羊祀神。十二月癸酉，以青牛白马祭天地。己丑，皇子隆绪生。

保宁四年（972），汉刘继元遣使来贡，致币于屋质，屋质以闻，帝命受之。

保宁五年（973），宋禁铜钱入辽境，但收效甚微。

保宁六年（974）十二月戊子，以沙门昭敏为三京诸道僧尼都总管，加兼侍中。

保宁七年（975）五月丙戌，祭神姑。秋七月，黄龙府卫将燕颇杀都监张琚以叛，遣敞史耶律葛里必讨之。九月，败燕颇于治河，遣其弟安搏追之。燕颇走保兀惹城，安搏乃还，以余党千余户城通州。

保宁八年（976）二月壬寅，谕史馆学士，书皇后言亦称"朕"暨"予"，着为定式。秋七月辛未，宋遣使来贺天清节。八月癸卯，汉遣使言天清节设无遮会，饭僧祝厘。

十一月丙子，宋主匡胤殂，其弟炅自立，遣使来告。十二月丁未，汉以宋军复至，掠其军储来告，且乞粮为助。

保宁九年（977）二月戊辰，诏以粟二十万斛助汉。这足证此时辽国农业发达，贮备丰裕，不但可以自足而且有余粮支持外国。八月，汉遣使进葡萄酒。当年，宋于镇、易、雄、霸、沧州、威胜军设榷场以通辽人贸易，以香料、药材、犀角、象牙和茶叶与辽人交易。

保宁十年（978），辽境内增设都峰、大石两处银冶都监。金银矿的广泛开采，增加了辽的货币流通量。

乾亨元年（979）秋七月癸未，辽宋战于高梁河，宋军大败。宋主仅以身免，至涿州，窃乘驴本遁去。甲申，击宋余军，所杀甚众，获兵杖、器中、符印、粮馈、货币不可胜计。冬十月乙丑，韩匡嗣与宋兵战于满城，败绩。乙亥，诏数韩匡嗣五罪，赦之。十一月辛丑，冬至，赦，改元乾亨。铸旋读"乾亨元（通）宝"三材五等钱和契丹文"乾亨通宝"折十型金银赏赐钱。十二月乙卯，燕王韩匡嗣遥授晋昌军节度使，降封秦王。

"保宁通宝"背上星小平铜钱树

大辽国景宗皇帝耶律贤保宁年间铸造。

"乾亨通宝"光背小平铜钱树

大辽国景宗皇帝耶律贤乾亨年间铸造。

乾亨二年（980）春正月丙子朔，封皇子隆绪为梁王，隆庆为恒王。八月戊戌，东幸。为重开巡幸之首。冬十月辛未朔，命巫者祠天地及兵神。辛巳，将南伐，祭旗鼓。丁亥，获敌人，射鬼箭。庚寅，次固安，以青牛白马祭天地。十二月庚午朔，休哥拜于越。

乾亨三年（981），以上京"云为户"訾贝实饶，善避徭役，遗害贫民，遂勒各户，凡子钱到本，悉送归官，与民均差。这是契丹历史上限制高利贷的第一个官方措施。

乾亨四年（982）春正月，以旧行用钱（万岁三钱）不足于用，始铸对读"乾亨通宝"新钱（新在对读上，前此年号钱均为旋读钱），并诏令自本年起，年号钱全部投入流通，以弥补经济快速发展，旧行用钱不足使用的缺口。九月壬子，天赞皇帝耶律贤病故。终年三十五岁，在位十三年，庙号景宗。子耶律隆绪即皇帝位，尊号昭圣皇帝。军国大事听皇后命。十二月辛酉，宋遣使献犀带请和。宋辽息兵。宋始置榷场于静戍军与辽通商。辛未，西南面招讨使秦王韩匡嗣薨。庚辰，置中台省官。

乾亨五年（983）春正月，皇室、嫔妃、横帐、国舅、契丹、汉官等并进助修山陵费。东京、平州旱，蝗成灾。南京秋霖害稼。圣宗下诏曰："五稼不登，开帑藏以代民税，螟蝗为灾，罢徭役以恤饥贫。"二月丙申，皇太后诣乾陵置奠先帝，命绘近臣于御容殿，赐山陵工人物有差。三月辛巳，赐国舅同平章事辽兴军节度使萧道宁"忠亮佐理功臣"号。夏四月癸巳，诏赐物命妇寡居者。辛丑，谒三陵，以东京所进物分赐陵寝官吏。诏赐西南路招讨使大汉剑，不用命者得专杀。五月丙辰朔，国舅萧道宁以皇太后庆寿，请归父母家行礼，而齐国公主及命妇、群臣各进物。六月甲午，上率群臣上皇太后尊号曰承天皇太后，上皇帝尊号曰天辅皇帝。改元统和，改用大契丹国号。颁行"统和元（通）宝"三材五等钱和契丹文"统和通宝"折十型金银赏赐钱。

燕京云居寺放债生利，以利息钱雕刻石经得到皇帝批准，种种迹象表明，其时辽朝的社会财富已大量集中到寺院，但其用途是用于发展佛教信徒、弘扬佛法，而不是增加生产。

九月丙辰，南京留守奏秋霖害稼，请权停关税征收，以通山西籴易。从之。辛未，有司请以帝生日为千龄节。冬十月乙未，以燕京留守于越休哥言，每岁诸节度使贡献如契丹官例，止进鞍马，从之。十二月丁亥，以显州岁贡绫锦分赐左右。甲辰夕，燃万鱼灯于双溪。戊申，千龄节，祭日月。

统和二年（984）二月甲午，赐将军耶律敌不春衣、束带。丙申，东路行军、宣徽使耶律蒲宁奏讨女真捷，遣使执手奖谕。乙巳，五国乌隈于厥节度使耶律隈洼以所辖诸部难治，乞赐诏给剑，便宜行事，从之。三月乙卯，划离部请今后详稳止从本部选授为宜，上曰："诸部官惟在得人，岂得定以所部为限？"不允。夏四月丁亥，以征女真捷，授蒲宁兼政事令，勤德神武卫大将军，各赐金银器物。

统和三年（985）三月乙巳朔，枢密奏契丹诸役户多困乏，请以富户代。上因阅诸部籍，涅刺、乌隈二部户少而役重，并量免之。秋七月甲子，赠秦王韩匡嗣葬物。丁卯，赠尚父秦王韩匡嗣尚书令。八月帝过藁城，见乙室奥隗部下妇人迪辇等黍过熟未获，遣人助刈。八月戊子，故南院大王谐领巳里婉妻萧氏奏"夫死不能葬"，诏有司助之。闰九月丙子，行次海上。庚辰重九，骆驼山登高，赐群臣菊花酒。冬十一月戊寅，赐公主胡骨典葬夫金帛、工匠。癸巳，禁行在市易布帛不中尺度者。命令所织的麻布、丝绸幅宽和长度不足规（一匹为宽一尺二寸，长二丈四尺）之标准者不准上市交易。东京留守耶律抹只奏：州民岁输税，斗粟折钱五，抹只请折钱六，部民便之。提高粮米交税折钱之数，也就是提高农产品收购价格以刺激农业和手工业的生产，并促进货币流通量的增加。

赠公主、勋臣、大将"金帛、金器"等，说明黄金生产在契丹已经大力发展，黄金储备已达到相当数量。契丹与中西亚国家的贸易是促使契丹大量铸造金、银钱的动力，也是促使契丹金银器制造业大发展的动力。

规定铸印用银的范围，并"诸税务"印章所盖之颜色及用料，说明当时农业税、交易税及矿产税等税的征收已成为国家的重要事务，必须成立专门的管理机构"诸税务"（国家税务总局）来管理，足证此时契丹各业的发展已经成为国家进步的强大动力。

八棱摩羯瑞兽花草纹金砚

辽统和年间制造，高9.9厘米，直径22厘米，重792.3克，"统和二年四月二十六日"款。

统和四年（986）春正月丙子，讨女真，获生口十余万、马二十余万匹及诸物无数。诏旌讨女真众将，执手抚慰，赐酒果劳之。四月乙卯，耶律休哥败宋军，献所获器甲、货财，赐诏褒美。五月癸未，蒲姑复蔚州、灵丘、飞狐，斩首二万余级，赐酒及银器。六月壬子，诏增百姓岁输三司盐铁钱折绢不如直部分。实即增加纺织品收购的价格，刺激纺织的发展。诏赐术不姑货币。七月丙子，赐滨里等酒及银器。诏上京开龙寺建佛事一月，饭僧万人。辛卯，耶律斜轸擒杨继业，函首以献。八月乙巳，诏宋兵所掠州郡，其逃民稼禾，募人收获，以其半给收者。己未，复山西今年租赋。九月戊寅，

"统和元宝"光背小平铜钱树

大辽国圣宗皇帝耶律隆绪统和年间铸造。

内外命妇进皇帝纳后衣物、驼马、会亲礼物。辛巳，纳皇后萧氏。冬十月丁酉，皇太后复行再生礼，为帝祭神祈福。戊午，复南院部民今年租赋。壬戌，以银鼠、青鼠及诸物赐京官、僧道、耆老。十一月壬申，古北口（今栾平、密云间）、松亭（今遵化、宽河间）、榆关（今山海关）征税不法，致阻商旅贸易，派人审讯其官吏，其实是降低关税，去掉陋规，促使货畅其流。韩德让进言山西四州数被兵，加以岁饥，以轻税赋，以待流民。

郎君拽刺双骨里破宋军于望都，赐酒及银器。诏以王子帐节度使耶律襄之女汀封义成公主下嫁西夏李继迁，赐马三千匹。

因南北府（临潢、析津）市场人少，命各部率车百乘赶集以增加贸易额，并开辟奇峰路（在今易县西北涞水之旁）以通易州之贸易（与北宋之贸易通道）。各种措施的综合作用，使河朔户口编户数十万，耕垦千余里。农牧渔、矿冶、制盐、纺织、手工、商业等均高速发展，税收大幅增加，货币经济更加繁荣。

统和五年（987），宋辽再战，辽大获全胜，破宋数邑，掠宋钱、财、物和人口不计其数。辽盐大量出口至宋境，宋严刑峻法也不能禁止。

统和六年（988）二月丁未，奚王筹宁杀无罪人李浩，所司议贵，请贷其罪，令出钱赡养其家。闰五月甲寅，乌隈于厥部以岁贡貂鼠、青鼠皮非土产，皆于他处贸易以献，乞改贡。诏自今止进牛马。八月丁丑，大同军节度使耶律抹只奏今岁霜旱乏食，乞增价折粟，以利贫民。诏从之。这是再次提高农产品收购价格，为农业输血。九月丁酉，皇太后幸韩德让帐，厚加赏赐，命从臣分朋双陆以尽欢。以大量马匹卖与宋朝，每匹价最少者二十千钱。总价达数十万贯。

统和七年（989）破宋易州，迁其军民于燕京，获其辎重不可胜计。又徙吉避寨居民三百户于檀、顺、蓟三州，择沃壤，给牛、种谷。三月甲戌，诏免云州逋赋。禁刍牧伤禾稼。戊子，赐予越宋国王红珠筋线，命入内神帐行再生礼，皇太后赐物甚厚。丙申，诏开奇峰路通易州市。六月辛酉，诏燕乐、密云二县荒地许民耕种，免赋役十年。甲戌，宣政殿学士马德臣卒，诏赠太子少保，赐钱十万，粟百石。乙亥，诏出诸畜赐边部贫民。冬十月，禁置网捕兔。

统和八年（990）三月乙酉，城杏埚，以宋俘实之。以岁旱，夏四月庚午，诸部艰食，赈之。十一月庚寅，以吐谷浑民饥，赈之。

统和九年（991）春正月丙子，诏禁私度僧尼。乙酉，枢密使、监修国史室昉等进实录二十卷，圣宗手诏褒之，加政事令，赐帛六百匹。戊子，选宋降卒五百置为宣力军。辛卯，诏免三京诸道租赋，仍罢括田。六月，南京霖雨伤稼。秋七月乙巳，诏诸道举才行、察贪酷、抚高年、禁奢僭，有殁于王事者，官其子孙。契丹之官员中有仓部（管仓储）、库部（发行库）、虞部（交通）等官职。宋人开雄（雄县）、霸州（霸县）、静戎军、代州雁门寨（代县西北）以通贸易。

统和十年（992）春正月丁酉，禁丧葬礼杀马及藏甲胄、金银、器玩。二月壬牛，免云州租赋。九月癸卯，幸五台山金河寺，饭僧。耶律昭言，西北之众，每岁农时，一夫侦候，一夫治公田，二夫给糺官之役。当时沿边各置屯田戍兵，易田积谷以给军饷。

屯垦戍边是解决部队军事开支的重要方法，自景宗起契丹军队不再以"打草谷"维持给养，应是契丹军队里程碑式的伟大进步。

统和十一年（993）春正月丙午，出内帑钱赐南京统军司军。此时契丹国富民强，军队早已不用"打草谷"，将士早就拥有了固定的军饷，军需辎重有专门机构调拨供应。皇帝内藏库亦有余钱可以随时赏赐给部队使用。

统和十二年（994）春正月壬戌，霸州民李在宥年百三十有三，赐束帛、锦袍、银带，月给羊酒，仍复其家。二月甲申，免南京被水户租赋。甲午，免诸部岁输羊及关征。三月丁巳，诏许高丽赎还所俘人畜。秋七月庚午，诏契丹人犯十恶者依汉律。冬十月乙巳，诏定均税法。十一月己未，官宋俘卫德升等六人。十二月甲申，赐南京统军司贫户耕牛。契丹桃山之食盐出口至宋之代州（今山西代县）。戊子，高丽进妓乐，却之。

统和十三年（995）三月戊辰，武清县百余人入宋剽掠，命诛之，还其所获人畜财富。夏四月丙戌，诏诸道民户应历以来胁从为部曲者，仍籍州县。五月乙亥，北、南、乙室三府请据富民马以备军需，不许，给以官马。六月丁丑，减前年土地清查后的农业税赋。丙戌，许昌平、怀柔等县诸人请业荒地。

统和十四年（996）春正月丁巳，敕免三京及各州税赋。三月庚戌，高丽再次派儿童十人来学契丹语。夏四月己亥，凿大安山，取燕帝刘守光于911年前所藏钱。并用刘钱翻铸了大量铜铁钱。新旧钱分拨给五京的各财政部门使用，并赐给南京各部队。闰七月丁丑，五院部进穴地所得金马。冬十月丙辰，命刘遂教南京神武军士剑法，赐袍带锦币。

"统和元宝"背月星小平钱

大辽国圣宗皇帝耶律隆绪统和年间铸造。

奉国寺

辽宁义县奉国寺是辽代皇家寺院，是辽圣宗耶律隆绪在母亲萧太后（萧绰）故里所建的皇家寺院。

统和十五年（997）春正月庚辰，诏诸道劝民种树。乙未，免流民税。二月戊戌，劝品部富民出钱以赡贫民。庚子，徙梁门、遂城、泰州、北平民于内地。丁巳，诏品部旷地令民耕种。三月戊辰，募民耕滦州荒地，免其租赋十年。壬午，通括宫分人户，免南京赋税及义仓粟。庚寅，兀惹乌昭度以地远，乞岁时免进鹰、马、貂皮，诏以生辰、正旦贡如旧，余免。夏四月乙未朔，罢奚五部岁贡麕。壬寅，发义仓粟振南京诸县民。秋七月

辛未，禁吐谷浑别部鬻马于宋。丙子，高丽遣使奉币吊越国公主之丧。冬十月壬辰朔，罢奚王诸部贡物。诏山前后未纳税户并于密云、燕乐两县占田治业入税。分头下军州赋为二等，凡市井之赋各归头下，唯酒税赴纳上京。西北归附，疆域西抵额尔齐斯河及新疆大部，拓地日远。

统和十六年（998）二月丙午，以监门卫上将军耶律喜罗为中台省左相。夏四月癸卯，振崇德宫所隶州县民之被水者。丁未，罢民输

官俸，给自内帑。

这是契丹经济史上的一件大事，百民之俸开始由皇帝内库发放，不再由各地方政府开支，从而减轻了百姓负担。负担的减轻刺激和发展了生产，也促进了商品经济和货币经济的发展。增加外贸出口，售于宋的马匹数量每年达数千匹，换回布、帛、茶等人民生活必需品。市场在府州（山西保德）与岢岚军（山西岢岚县）。五月甲子，祭白马神。乙酉，妇人年逾九十者赐物。

统和十七年（999）冬十月癸酉，擒宋大将两员，获兵杖、器甲无算。对宋大力开展外贸工作，许宋民越境前来市马，并在边境之静戎、威虏两军和雄、霸州与南人交易。商旅辐辏，物积如山，盛况可知。

统和十八年（1000），在蔚州设钱帛都监，上京设商税院，设税本盐使。其赋税除纳大麦、小麦、豌豆等农产品外，尚有正税、匹帛钱、鞋地（不详税名），榷曲（酒专卖）钱等。从以上情况可见当时货币经济的繁荣。

统和十九年（1001）春正月甲申，回鹘进梵僧名医。三月壬辰，皇后萧氏以罪降为贵妃。五月丙戌，册承天太后侄女萧菩萨哥为齐天皇后。六月乙巳，以所俘宋将康昭裔为昭顺军节度使。秋七月丙戌，以东京统军使耶律奴瓜为南府宰相。闰十一月己未，减关市税，平抑市场物价。十二月庚辰，免南京、平州租税及农器钱。齐天皇后造车以黄金为饰，又造皇帝车与皇族车以白银铸塔而饰之。

统和二十年（1002），南伐宋，均告捷。与宋一面打仗，一面加紧外贸交易，年输宋马不下万匹，羊数万只。在雄州榷场的香、药、茶交易额很大，宋方年纯利即比前增加十余万缗。所有这些贸易，除少量以货易货外，都是现钱（铜钱）交易，致使宋钱大量流入契丹。十二月，奚王五帐六节度使献七金山上河川地，赐金币。

统和二十一年（1003）夏四月，耶律奴瓜、萧挞凛擒宋将王继忠于望都。雄州贸易仍盛，商贾互往不绝。宋为防奸谋刺探关闭了己方市场。

统和二十二年（1004）、宋景德元年，九月，帝亲率师南征伐宋，十一月围澶州（今河南濮阳）。宋军大败请和，订立城下条约，即著名的"澶渊之盟"。主要内容有：宋朝皇帝称契丹太后为叔母，自称为侄皇帝；每年以绢二十万匹、白银十万两贡献给契丹，并年年派人运送到雄州的白沟交割。两国以拒马河为界，契丹不再南侵。"澶渊之盟"维持了辽宋两国119年和平，形成事实上的第二个"南北朝"，为两国的和平发展提供了宝贵的时间。

统和二十三年（1005）五月乙卯，以金帛赐阵亡将士家。冬十月癸卯，宋岁币始至，后为常。辽开外贸口岸，振武军、保州、新城、永清，均设都监以管理之。以老弱之羊和皮毛易南方之绢、通高丽之货。宋开放雄州、霸州、安肃军、广信军四个口岸，以通贸易往来。契丹在五京设立市场巡检使，以管理商业交易。连年伐宋俘掠回来的数十万百姓，允许宋人以钱帛赎之，妇女之价高至每口二十千（半匹马价值）。

契丹此时军力已可进行攻坚战，其攻城战具，皆制度精好。精良的钢铁工艺和远程瞄准贯穿铁甲的技术，证明契丹此时已是一个手工业与军事工业都很发达的经济强国。

"澶渊之盟"之后，宋辽双方均派大批使节互访互贺，每次双方都向对方馈赠大量金银皿。契丹的金银矿产的开采、冶炼、制造均已异常发达，其器具的精良闻名四海。

统和二十四年（1006）秋七月，沙州敦煌王进大食马及美玉，以对衣、银器赐之。开定州军城寨、飞狐等地榷场以通与宋贸易。与宋贸易进口商品增加了缯帛、漆器、秔糯等。出口商品仍多是布、牛、马、骆驼等，每年交易额都达数十万缗。持续一百多年。

统和二十五年（1007），中京大定府建成，迁别地汉人实之。与宋贸易增加了瓷器进口。

统和二十六年（1008），除"岁贡"外，乘宋真宗东巡泰山之际，索"借"银、绢各二万。置朔州榷场都监，其地"宝货山积"。设燕京管内商税都检点各职官，以司外贸交易及内贸税收之事。南府宰相、加同政事门下平章事，耶律奴瓜为辽兴军节度使。承天皇太后特颁面四神军阴刻契丹文、汉文金质对钱，奖励耶律奴瓜对大契丹国的卓著功绩。

统和二十七年（1009）十二月辛卯，承天皇太后萧绰崩，侄皇帝赵恒以绫、罗、布、帛万匹来吊。

统和二十八年（1010）五月乙巳，西北路招讨使萧图玉奏伐甘州回鹘，破肃州，尽俘其民。诏修土隗口故城以实之。本年契丹大

旱，宋令以平价粜雄州米二十万石，并令民间粮食贸易不得停止。秋八月戊申，赈平州饥民。冬十月丙午朔，女真进良马万匹。

统和二十九年（1011），内藏钱富以赐南京诸军司。大力开展西方外贸，高昌进玉、珠、乳香、斜合里皮等物，互市贸易，此批交易价格之评定由两国国王亲议之。三月乙卯，大丞相晋国王耶律隆运薨。

统和三十年（开泰元年，1012）八月丙甲朔，铁骊那沙、等兀惹百余户至宾州，赐丝绢。十一月甲午朔，改元开泰。铸"开泰元（通）宝"三材五等钱和契丹文开泰年号折十金银赏赐钱。癸卯，前辽州录事张庭美六世同居，仪坤州刘兴胤四世同居，各给复三年。十二月壬甲，赈奉圣州饥民。甲申，诏诸道水灾饥民质男女者，起来年正月，日计佣钱十文，价折佣尽遣还其家。归州言其民本新罗所迁，未习文字，请设学以教之，诏允所请。贵

高翅镏金银冠

辽开泰七年（1018）制，内蒙古通辽市青龙山镇辽陈国公主墓出土。

德等七州开始征收商业交易税。设同监曲务都检点、同监曲务、三司押衙曲务判官兼知商务事等官。是时"每岁春秋，以官钱宴犒将士，钱不胜多，故东京所铸，至清宁中始用"、"禁买卖铜、铁，防止私铸"、"禁止将铜铁卖给回鹘"、"销钱作器皿三斤，持钱出南京十贯，处死"。

开泰二年（1013）秋七月戊申，诏以教睦宫子钱赈贫民。以产金的金甸子为金源县。党项叛，欲西伐，仍令诸军各市肥马。官用马花钱购买，应是契丹社会的最大进步，足证此时契丹已非游牧经济，已真正进入商品经济社会。

开泰三年（1014），南京、奉圣、平、蔚、大同、应、朔等州置转运使以转运钱粮物资。民间有私自卖马与宋者。

开泰四年（1015），与宋贸易进出口物资名单中首次出现金银制品一项。

开泰五年（1016），东伐高丽，胜。获其大量辎重。圣宗猎虎，赐人以御用金银器。

开泰六年（1017）二月甲戌，以公主赛哥杀无罪婢，驸马萧图玉不能齐家，降公主为县主，削图玉同平章事。六月戊辰朔，德妃萧氏赐死，葬兔儿山西。后数日，大风起冢上，昼暝，大雷电而雨不止者逾月。是月，南京诸县蝗。冬十月丁卯，南京路饥，鞍云、应、朔、弘等州粟赈之。

开泰七年（1018）三月辛丑，命东北五部岁贡貂皮六万五千，马三百。四月丙寅，赈川、饶二州饥。辛未，振中京贫乏。六月丙申，品打鲁瑰部节度使勃鲁里至鼻洒河，遇微雨，忽天地晦暝，大风飘四十三人飞旋空中，良久乃堕数里外，勃鲁里幸获免。一酒壶在地，乃不移。十一月庚辰，禁服用明金、缕金、贴金。上有好者，下尤效焉，因皇室服饰用金，臣下效之，故明令禁之。足见当时黄金产量之多。

开泰八年（1019）三月丙戌，置东京渤海承奉官都知押班。六月癸卯，弛大摆山猿岭采木之禁。乙巳，以南皮室军校等讨高丽有功，赐金帛有差。秋七月已未，征高丽战殁诸将，诏益封其妻。辛酉，看里、涅哥二奚军征高丽有功，皆赐金帛。诏阻卜依旧岁贡马千七百、驼四百四十、貂鼠皮万，青鼠皮二万五千。戊辰，观看农业生户情况。庚午，观看京师市场交易情况。外贸出口增加粮食一项，说明自给有余，契丹已解决了吃的问题。一个《辽史》无传的小人物死了，皇帝赠白银十斤、钱二十万，可见其时银钱之广，史书失载之多。放宽盗钱律令，由满十贯处死改为满二十五贯。冬十月癸巳，诏横帐三房不得与卑小帐族为婚，凡嫁婆，必奏而后行。

开泰九年（1020）冬十月壬寅，大食国遣使进象及方物，为子册割请婚。十二月丁亥，禁僧燃身炼指。

开泰十年、太平元年（1021）三月，大食国复遣使请婚，封王子班郎君胡思里女可老为公主，嫁之。冬十月庚申，幸通天观，观鱼龙曼衍之戏。翌日，再幸。入万寿殿，奠酒七庙御容。十一月癸未，改元太平。铸"太平元（通）宝"三材五等钱和契丹文太平年号折十型金银赏赐钱。存世亦见有瑰丽楷书背书当五、当十两种试铸样钱和大型端正楷书太平通宝光背与背观音对钱。在铸千秋万岁等行用钱同时，兼铸太平钱，新旧互用，由是国家之钱，演遂域中。契丹境内金银生产很多，除广泛用于中西亚贸易用钱，亦曾有出口到宋境的情况。

太平二年（1022）三月丁丑，宋主恒殂，子祯嗣位。戊子，为宋主饭三京僧。是月，地震，云、应二州屋摧地陷，崀白山裂数百步，泉涌成流。冬十月癸卯，赐四大臣钱物有差。河东（山西）宋边民常越过边界到契丹境内购买货物。契丹设官置吏有中京绫锦院使和度支押衙。

太平三年（1023）秋七月丙戌，以皇后

"开泰元宝"光背小平铜钱树

大辽国圣宗皇帝耶律隆绪开泰年间铸造。

生辰为顺天节。丁亥，赐缅山名曰永安。

太平四年（1024）十二月壬戌，以郎玄化为西山转运使。

太平五年（1025）二月戊午，禁天下服用明金及金线绮；国亲当服者，奏而后用。是月，如长春河逸儿淀，其水一夕有声如雷，越沙岗四十里，别为一陂。夏五月，道士冯若谷被加为太子中允。是岁，燕民以年谷丰熟，车驾临幸，争以土物来献。上礼高年，惠鳏寡，赐酺饮。至夕，六街灯火如昼，士庶嬉游，上亦微行观之。丁丑，禁工匠不得销毁金银器。

太平六年（1026）二月己酉，兵马都部署黄翩入女真界，俘获人、马、牛、豕不可胜计，得降户二百七十，诏奖谕之。十二月庚辰，曷苏馆部乞建旗鼓，许之。辛巳，诏北南诸部廉察州县及石烈、弥里之官，不治者罢之。诏大小职官有贪暴残民者，立罢之，终身不录；其不廉直，虽处重任，即代之；能清勤自持者，在卑位亦当荐拔；其内族受略，事发，与常人所犯同科。宝坻设酒类专卖官署榷

酤务。宝坻因交通便利，四方行商云集于此，各地之货物在此交易集散，故设管理酒类专卖官署。设大定府都市令，以管理商业交易。

太平七年（1027）五月，西南路招讨司奏阴山中产金银，请置冶，从之。复遣使循辽河源求产金银之矿。契丹数百年间不断开发金银矿冶，国家丰裕，皆赖其利。六月，禁诸屯田不得擅货官粟。在屯者力耕公田，不输税赋，此公田制也。余民应募或置闲田，或治私田，则计亩出粟以赋公上。秋七月己亥朔，更定法律。乙巳，诏辇路所经，旁三十步内不得耕种者，不在诉讼之限。冬十月丁卯朔，诏诸帐院庶孽，并从其母论贵贱。

太平八年（1028）春正月甲子，诏州县长吏劝农。二月戊子，燕京留守萧孝穆乞于拒马河接宋境上置戍长巡察，诏从之。契丹钱"巡由界上"当铸于此时。六月癸巳，今岁十一月皇太子纳妃，诸族备会亲帐，诏以豪盛者三十户给其费。九月壬辰朔，以渤海宰相罗汉权东京统军使。中京宫院司管理的

庄宅、田园、奴仆、人户、牛、驼、车、马等不知其数。黄金、白银、玉、珠、犀、佩饰、器盒、衣物、玩好之具均无法计算。故设提点内库官以掌之。中京经济的繁华和发达可见一斑。

太平九年（1029）八月乙丑，东京舍利军详稳大延琳反，据东京，建国号兴辽，改年号为天庆。铸"兴辽重宝"楷书小平一种。

太平十年（1030）八月丙午，擒延琳，渤海平，十二月乙巳，千龄节，逢圣宗六十大寿，东京钱帛司铸"太平元宝"背"吾君万年"巨型祝寿大钱。

太平十一年，景福元年（1031）三月，天辅皇帝耶律隆绪自感不适，六月己卯，崩于大福河行宫。年六十一岁，在位四十九年，庙号圣宗。壬午，子耶律宗真即位，尊生母萧耨斤为皇太后。辛卯，改元景福，皇太后听政。铸"景福元（通）宝"三材五等钱和契丹文景福年号折十型金银赏赐钱。

景福二年，重熙元年（1032）春，皇太后诬齐天皇后以罪，遣人即上京行弑，后请具浴以就死，许之。后崩。十一月己卯，改元重熙，铸"重熙元（通）宝"金、银、铜、铁四材五等钱及契丹文重熙年号折十型金银赏赐钱。试铸"重熙元年"纪年钱，以作寺庙供养钱。禁铜与钱出境，铜逾三斤，持钱二十贯从上，处死。

重熙二年（1033）八月乙卯，遣使阅诸路禾稼。十二月，禁夏国使沿路私市金、铁。增设商税、曲、铁都监，提点造船，榷盐使等职。提点造船是管理制造航海行船的官员，这说明契丹人早就会制船航海与海上各国往来。契丹管理银钱会计出纳及铸钱之事官员名称因职权职责不同而异。燕京置三司使，平州置钱帛司，中京置度支使，东京置户部使，上京置盐铁使，山后置转运使。宋每年与契丹市马，岁几百万缗。

重熙三年（1034）夏四月甲寅，振耶迷只部。五月，皇太后还政于上，躬守庆陵。七月，耶律宗真亲政。

"太平通宝"光背小平铜钱树

大辽国圣宗皇帝耶律隆绪太平年间铸造。

重熙四年（1035）六月癸丑朔，皇子宝信奴生。十一月壬午，改南京总管府为元帅府。乙酉，行柴册礼于白岭。加尚父耶律信宁、政事令耶律求翰"耆宿赞翊功臣"。十二月癸丑，诏诸军炮、弩、弓、剑以时阅习。边防戍卒，粮食不继，求借于人，高利贷之息有达十倍者。

重熙五年（1036）夏四月丁卯，颁新定条制。五月庚申，幸北院大王高十行帐拜奥，赐银绢。冬十月壬子，赐新进士四十九人绯衣、银鱼。甲子，幸礼部贡院，欢饮至暮而罢，赐物有差。

重熙六年（1037）五月甲寅，录囚。以南大王耶律信宁故匿重囚及侍婢赃污，命挞以剑脊而夺其官；都监坐阿附及侍婢罪，皆论死，诏贷之。设官置吏中有颁给库使一职。一次赐臣下以白金二百两，又一次赐银盆百两。修葺燕京之宫掖、祠寺等，开支以万计。韩橁死，赐钱五十万。此时银、钱之积，已达贯朽箱颓之态。市易货币流通量已以亿万计。

重熙七年（1038），设干州内库都监和上京大盈库副使从管理银钱财物，设提点放钱之官以经营御府（内库）钱。"委官吏贮之，岁析轻利"，供涿鹿山之云居寺刻经之用。十二月，召渤海善击鞠数十人于东京，令与近臣角胜，宗真亲临观之。兴宗以行动回应萧孝忠谏：不要禁渤海人击球。萧孝忠谏文是："（时禁渤海人击球，孝忠言：）东京最为重镇，无从禽之地，若非球马，何以习武？且天子以四海为家，何分彼此？宜弛其禁。（从之）。"时铸"四海为家"大型警教语钱以纪念之。

重熙八年（1039），禁朔州鬻羊于宋。河东都转运使在府州发行马券，将马券卖给马匹经销商，马券作为马匹采购和与宋交易的凭证，实现了对马匹这一特殊商品的专管专营。宋每年购马的数量都非常大，交易往往都是现钱现银交易，故每年都有大量宋钱流入契丹。

重熙九年（1040）十二月庚寅，诏诸犯法者不得为官吏。诸职官非婚祭不得沉酗废

"景福通宝"背上星折三铜钱树

大辽国兴宗皇帝耶律宗真景福年间铸造。

"重熙通宝"光背小平铜钱树

大辽国兴宗皇帝耶律宗真重熙年间铸造。

事。有治民安边之略者，悉具以闻。

重熙十年（1041）二月庚辰朔，诏蒲卢毛朵部归曷苏馆户之没入者使复业。夏四月，诏罢修鸭渌江浮梁及汉兵屯戍之役。又以东京留守萧撒八言，弛东京击鞠之禁。秋七月壬戌，诏诸职官私取官物者，以正盗论。九月庚申，皇太后射获熊，上进酒为寿。冬十月丙戌，诏东京留守萧孝忠察官吏有廉干清强者，具以名闻。十二月乙未，与南北枢密议伐宋，谋关南十县地。宋禁铜钱出境，一贯以上，为首者处死。

重熙十一年（1042）夏四月甲戌朔，颁南征赏罚令。六月壬午，禁毡、银鬻入宋。八月丙申，宋遣使乞增岁币银绢。九月，宋富弼对辽帝言：辽与宋和，坐获岁币，则利在国家，臣下无与。与宋交兵，则利在臣下，害在国家。帝感其言，和好始定。闰八月癸未，宋岁增银、绢十万两、匹，文书称贡，送至白沟。帝喜。是日，赈恤三父族之贫者。辛卯，使宋使还，进宋国誓书。十二月己酉，太后与

帝饭僧三寺。辛亥，诏蠲预备伐宋诸部租税一年。壬子，以吐浑、党项多鬻马夏国，诏谨边防。丁卯，禁丧葬杀牛马及藏珍宝。

帝以岁币用于减燕云十六州之租赋，先减十之二三，后以二十万之数全减。税赋减免，民国已喜，生产剧增，市场更加繁荣。因已议和，宋又沿辽边置场买马，马市一开，契丹收入日增。除固定岁币收入，每年宋尚有回赐衣着九千匹、银器七千两，使者秘赏银二千八百两。高丽每年尚进贡金器三百五百两，铜器一千斤。各中西亚国家每三年进贡一次，契丹每次回赐不下四十万贯。燕京三十六座佛寺，有二十八处开设有"质场"（典当铺）。宋人曾这样记录当时契丹的繁华："辽起自朔漠，经费皆不可考，惟日有宴，月有赐，赐之多者，银至二三千。又以鞍马衣匹佐之，亦不至告匮，岂防御之费既省，而又籍宋人为外府（赔款）欤？"

重熙十二年（1043）六月丙午，诏世选宰相、节度使族属及身为节度使之家，许葬

用银器，仍禁杀牲以祭。庚申，诏汉人宫分户绝，恒产以亲族继之。十一月丁亥，以上京岁俭，复其民租税。使宋使节携货在开封与人交易。

重熙十三年（1044），契丹之法简易，盐、酒俱贱，科敛及征役不重，故境内之汉民不思南归。设官置吏中有商税都监、曲务都监、铁务都监及烟火都监。当时火药刚刚发明，契丹境内竟能制造并进行贩卖，而且要设都监进行管理，足见契丹科技之发达，经济之繁荣。六月，诏前南院大王耶律谷欲、翰林都林牙耶律庶成等编集国朝上世以来事迹。

重熙十四年（1045），契丹以境内多产之铁，铸铁钱输入宋之边境，易铜钱回境。契丹边民越界种地屡禁不止。宋禁河东路缘边之地民耕，导致边防无储备粮。当地官府及百姓私自用金、银钱、绢径往契丹境内购粮，每年交易额巨大。交易地点集中在岢岚军及火山军。契丹汉军已配备火药炮进行射击。

重熙十五年（1046）春正月乙酉，禁契丹以奴婢鬻汉人。契丹徭役轻而赋税薄，故人民能安居乐业，汉人也可以蓄养奴婢。河北沿边之盐大量运输入宋境内销售。契丹官吏中出现很多经济官员，如：中京天积库副使、上京大盈库副使、中京绫锦使、神水县商曲都监等等。在神水这样一个偏僻小县，竟设有管理商贸酒曲的都监，可见契丹商业之发达已遍及境内的山山水水。

重熙十六年（1047），殿前都检点耶律义先奏请以南京统军司钱营息，以赡贫民。从之。政府、军队、寺院、私人均可发放贷款，金融市场和中介机构、管理机构就会应运而生，可惜关于这些机构的资料湮灭已久，真相已无从了解，但可以确定的是这些金融机构一定存在过，而且对契丹经济一定起过巨大的推动作用。由于税收增加，岁贡不断，内府之储山积。

重熙十七年（1048），宗真皇帝赐其弟重元以"金券"。蓟州有人舍万千钱（千钱即缗、贯）建一经幢。阻卜献马、驼二万。宋言契丹以私铸钱易并边铜钱。

重熙十八年（1049）六月丙寅，行十二神蠚礼。庚辰，阻卜来贡马、驼、珍玩。亲征伐夏。

重熙十九年（1050），西伐夏国，深入其境，纵军俘掠而还。

重熙二十年（1051），契丹与宋人贸易于雄州、广信军、安肃军榷场。北客市易，多以铜钱出境。北宋历代所铸十几种铜钱，多系经贸易进入契丹境内。而契丹以宋钱为母翻铸的仿宋钱又从契丹流向四面八方，并承担了绝大部分契丹行用钱的功能。五月，西夏进马、驼、牛羊等物。

重熙二十一年（1052），追尊先祖、先帝后谥号。近侍小底卢宝伪学御画，免死，配役终身。

契丹文"重熙宝钱"光背金钱

大辽国兴宗皇帝耶律宗真重熙年间铸造。

重熙二十二年（1053），以诸坑治多在国东，故东京置户部司，长春州置钱帛司以管理之。时积钱很多，故辽阳所铸钱，积至清宁时才用。宋弛河东马禁，准许百姓自由贸易。

"清宁通宝"背上星小平铜钱树

大辽国道宗皇帝耶律洪基清宁年间铸造。

契丹设度支判官管理之。

重熙二十三年（1054）冬十月癸丑，燕赵国王耶律洪基于燕京开泰寺以千两白银铸二银佛像，铭其背云：愿后生中国。

重熙二十四年，清宁元年（1055）春正月辛巳，宋遣使馈驯象。八月乙丑，昭孝皇帝耶律宗真崩于行宫，年四十，在位二十四年，庙号兴宗。遗诏燕赵国王耶律洪基嗣位。辛丑，复国号大辽，改元清宁。铸行"清宁元（通）宝"金、银、铜、铁四材五等钱和三材三等"大辽国宝"、"大辽清宁"国号钱和国号年号一体钱。还铸有契丹文清宁年号折十型金银赏赐钱。九月壬戌，诏鞍勒、佩子不许用犀玉、骨突犀。丰润置盐监。春州斗粟六钱。

清宁二年（1056）闰三月乙亥，始行东京所铸钱。铸"清宁二年"纪年供养钱。外贸以茶叶为大宗，并输入宋之禁物。户部使每年额外收入"羡余钱"三十万缗。六月乙亥，中京蝗蝻为灾。乙酉，遣使分道平赋税，缮戎器，劝农桑，禁盗贼。

清宁三年（1057），命耶律唐古督耕稼以给西军。唐古率众田庐朐河侧，岁登上熟。移屯镇州，凡十四稔，积粟数十万斛，每斗不过数钱。此时契丹农业达到最兴盛时期。东京五十余城内，沿边各州各有和籴仓，依祖宗之法出旧易新，许民自愿假贷，收年息二分，所在无虑二、三十万硕，虽累兵兴，未尝用乏。十二月庚戌，禁职官于部内假贷贸易。不允许官员利用公家贷款经商，足见当时商业之兴盛和利之诱人。

清宁四年（1058）秋七月辛巳，制诸掌内藏库官盗两贯以上者，许奴婢告。

清宁六年（1060）夏五月戊子朔，监修国史耶律白请编次御制诗赋，仍命白为序。六月丙寅，中京置国子监，命以时祭先圣先师。设永丰库使一职。

清宁七年（1061），契丹大量盐船由天津海河口入界河溯流而上，贩入宋境销售，赚取银钱，宋将捕杀贩者，引起交涉。

清宁八年（1062），西京建华严寺，铸诸帝铜像而奉安之。官吏中见少府监、辽西路钱帛都点检。

清宁九年（1063），禁止各路私卖铜铁，以防止私铸钱币。又禁民卖铜铁给西夏和回鹘。颁布以上禁令，说明此前铜铁可以民营贸易，亦可以出口到国外，国内有私铸铜铁钱流通于市。所以才引起重视，颁令禁止。秋七月，平定耶律重元大叛乱。

清宁十年（1064）二月，禁南京民决水种粳稻。秋七月辛巳，禁僧尼私诣行在，妄述祸福取财物。冬十月戊午，禁民私刊文字。十一月甲子，定吏民衣服之制。丁丑，诏求乾文阁所缺经籍，命儒臣校雠。庚辰，诏南京不得私造御用彩缎，及非对饮酒。命南京三司每岁春秋以官钱飨将士。令南京之铁收归官营，私人不得货卖。契丹盐船大量往来界河之中以出口食盐，换取外汇。是岁，南京、西京农业大丰收。

咸雍元年（1065）春正月辛酉朔，改元咸雍，铸"咸雍元（通）宝"金银铜三材五等钱和契丹文咸雍年号折十型金银赏赐钱。实行边界扩张，契丹民有越界河而南以捕鱼、伐树者。契丹刑法有犯之者，可以钱赎罪。

咸雍二年（1066）秋七月丁卯，以岁旱，遣使赈山后贫民。

咸雍三年（1067）闰三月丁亥，扈驾军营火，赐钱、粟及马有差。冬十月壬辰，夏国遣使进回鹘僧、金佛、梵觉经。令户部征收以前之欠款，得四十余万缗。

咸雍四年（1068）六月壬子，西北路雨谷，方三十里。秋七月，南京霖雨，地震。冬十月辛亥，永清等七县水灾，免一年租税。遣使赈西京饥民。辽境内佛寺林立，佛事兴盛。一施主舍三十万贯钱修葺僧舍，有人捐资五十万贯钱印刷大藏经。宋朝廷出内库珍珠二千三百四十三万六千五百六十九颗（价约三百万贯，约与十年岁贡相等）付河北四榷场，购辽马一万二千九百九十四匹。这是史书所记辽宋最大的一笔交易。

咸雍五年（1069）闰十一月己未，僧志福加守司徒。

咸雍六年（1070）九月甲寅，以马希白诗才敏妙，十吏书不能给，诏试之。十一月乙卯，禁鬻生熟铁于回鹘、阻卜等界，以防止制造兵器。每年卖给宋的肥羊达数万只，收入达四十万缗。十二月戊午，加圆释、法钧二僧并守司空。

咸雍七年（1071）十一月戊子，免南京流民租。己丑，赈饶州饥民。禁交易媒介之布帛匹短不足二丈四尺，宽不够二尺之标准者入市。是岁，春州斗粟六钱。辽境内佛寺开戒，南来宋人至此开戒者不可胜记。两国虽有边禁，但百姓仍可自由往来。蓟州神山云泉寺本年创建记录说：富商强贾奉其货（资财），智者献其谋，巧者输其艺，今海内（指辽境）塔庙相望。渔阳郡（河北蓟县）南十里有东西二山，下富民居，中建佛寺，大小二百家，方圆八九里，花费百余万（贯）始建成。另一寺之建费时十二年，寺成之后，一夫人施地三千顷，粟一万石，钱二千贯，人五十户（佃农），牛五十头，马四十匹，以为供给之费用。可见当时佛寺之广，寺院经济之盛。而这种兴盛的基础是社会经济的富足发达，粮丰钱足才可能大建特建佛寺。宋岁费钱四十万缗买数万契丹羊。

咸雍八年（1072），宋神宗熙宁五年，王安石变法，开铜禁之令，"十一月癸丑，诏河北缘边安抚司，提带榷场卖铜锡"。辽宋贸易物资中，允许进行铜、锡等矿产品交易。宋许民至北界交易者不收税以刺激出口，两国贸易大增。春正月癸未，饭僧南京、中京。二月戊辰，岁饥，免武安州租税，赈四州民。三月癸卯，许三州三千余人受具足戒。夏四月壬子，赈义、饶二州民。六月甲寅，赈易州贫民。己未，赈中京。甲子，赈兴中府。秋七月

"咸雍通宝"背上星小平铜钱树

大辽国道宗皇帝耶律洪基咸雍年间铸造。

己卯，庆州靳文高八世同居，诏赐爵。丙申，赈饶州饥民。十一月庚戌，免祖州税。丁卯，赐延昌宫贫户钱。

咸雍九年（1073）秋七月丙寅，归义、涞水两县蝗飞入宋境，余为蜂所食。十一月戊午，诏行幸之地免租一年。

咸雍十年（1074）二月癸未，蠲平州复业民租赋。九月庚戌，幸东京，谒二仪、五銮殿。癸亥，祠木叶山。铸"咸雍十年"折三、折五、折十金银铜纪年供养钱。十二月辛巳，改明年为大康。铸"大康元（通）宝"三材五等钱和契丹文大康年号折十型金银赏赐钱。大康年号又写作太康。所以"大康元（通）宝"钱中又见少量"太康元宝"或"太康通宝"钱。

大康元年（1075）春正月壬寅，赈云州饥。二月丁卯，祥州火，遣使恤灾。三月乙巳，命皇太子写佛书。铸"大康元年"金银铜纪年供养钱。夏四月丙子，赈平州饥。闰四月丙午，赈平、滦二州饥。六月戊戌，知三司使

事韩操以钱谷增美，授三司使。秋七月丙寅，赈南京贫民。九月己卯，以南京饥，免租税一年，仍出钱粟赈之。十一月辛酉，皇后被诬，赐死。宰相在位日久，对人言："无百万两黄金，不足为宰相家。"话虽近似夸耀，却离事实终不甚远，当时金银财宝之盛确系空前，金银在辽早已进入流通领域是不言之事。存世见有铸"大康元年"铭文的一两、一两半官铸银锭，显示当时银锭、金、银钱在契丹国内已成为官方正式流通货币。

大康二年（1076）二月戊子，赈黄龙府饥。癸丑，南京路饥，免租税一年。三月辛酉，宗天皇太后崩。太后仁慈淑谨，中外咸德。凡正旦、生辰诸国贡币，悉赐贫瘠。铸"大康二年"金银铜纪年供养钱。八月庚寅猎，遇麋失其母，悯之，不射。九月戊午，以南京蝗，免明年租税。十一月南京地震，民舍多坏。设置官吏有：中京度支司盐铁判官，南京三司度支判官，中京度支使，南京三司使，燕京酒坊使，锦州商曲都监。与宋

"大康通宝"背契丹文"军"金钱

大辽国道宗皇帝耶律洪基大康年间铸造。

重新划定代州之边境线，迫使宋弃地七百里。宋禁贩硫磺、焰硝及炉甘石入辽。硫磺焰硝乃造火药之原料，其法契丹早已掌握，并设有烟火都监，宋禁其原料出口亦是枉然。炉甘石乃锌矿石，是冶炼黄铜之原料。契丹用炉甘石铸瑜石钱，在与中西亚贸易中低黄金钱一等使用。

大康三年（1077）春正月乙卯，省诸道春贡金帛，及停周岁所输尚方银。二月辛卯，中京饥，罢巡幸。五月丙辰，玉田、安次蝗伤稼。六月丙戌，上当，废太子。七月丁丑，谒庆陵。八月辛丑，谒庆陵。九月癸亥，玉田贡嘉禾。壬申，修乾陵庙。铸"大康三年"金银铜纪年供养钱。矿产地增银城县、银城坊。宋继禁铜和炉甘石入辽。大批牛羊出口宋，换回大量铜钱。十一月，耶律乙辛遣私人盗杀原太子耶律濬。是岁，南京农业大丰收。

大康四年（1078）春正月甲午，赈东京饥。秋七月甲戌，诸路饭僧三十六万。铸"大康四年"金银铜纪年供养钱。宋对辽实行文化封锁，禁儒经以外书籍入辽。禁在岢岚、火山两地卖羊、马与宋人。禁吐浑、党项卖马给西夏。十一月丁亥，禁士庶服用锦绮、日月、山龙之文。

大康五年（1079）八月庚申，命有司撰太宗神功碑，立于南京。铸"大康五年"金银铜纪年供养钱。九月己卯，诏诸路毋禁僧徒开坛。冬十月丁巳，赈平州贫民。十一月丁丑，召沙门守道开坛于内殿。癸未，复南京流民差役三年，被火之家免租税一年。

大康六年（1080）五月壬申，免平州复业民租赋一年。庚寅，以旱，祷雨，命左右以水相沃，俄而雨降。七月戊辰，视察上京市场。九月壬寅，祠木叶山。铸"大康六年"金银铜纪年供养钱。十二月庚午，免西京流民租赋一年。甲戌，减全境民赋。

大康七年（1081）六月甲子，诏月祭观德殿。岁寒食，诸帝在时生辰及忌日，诣景宗御容殿致奠。秋七月丙申，谒庆陵。九月戊子，命皇后谒怀陵。辛卯，命皇后谒祖陵。铸"大康七年"金银铜纪年供养钱。十二月乙酉，诏岁出官钱振诸宫分及边戍贫户。辛亥，除绢帛尺度狭短之令。正式改"钱帛兼行"的货币制度为"银钱同行"的货币制度。

大康八年（1082）三月，诏行租黍所定升斗（统一度量衡内容之一）。秋七月甲午，南京六县水灾。九月庚寅，谒庆陵。丁未，大风雪，牛马多死，赐扈从官以下衣马有差。

大康九年（1083）夏四月丙午朔，大雪，平地丈余，马死者十六、七。秋七月癸亥，禁外官部内贷钱取息及使者馆于民家。十一月甲寅，诏僧善知雠校高丽所进佛经，颁行之。乙未，定诸令史、译史迁叙等级。

大康十年（1084）六月壬辰，禁毁铜钱为器。说明此时契丹铜钱太多了，钱贱而铜价飞升，故出现毁钱造器现象。这是以行政手段调整币值和铜价的平衡。十二月乙未，改明年为大安。

大安元年（1085）春正月颁行"大安元（通）宝"金银铜三材五等钱和契丹文大安年号折十型金银赏赐钱。因大安的"大"字与"太"字相通，故大安年号有时亦被称为"太安"，因此铸的年号钱中，也有少量写作"太安元宝"和"太安通宝"的钱。八月戊辰，谒庆陵，铸"大安元年"金银铜三材纪年供养钱。十一月乙未，诏："比者，外官因誉进秩，久而不调，民被其害。今后冒以资给迁转。"辛亥，史臣进太祖以下七帝实录。宋再严禁铜钱入契丹。

大安二年（1086）五月丁巳朔，以牧马蕃息多至百万，赏群牧官，以次进阶。秋七月甲子，赐兴圣、积庆二宫贫民钱。乙酉，出粟赈辽州贫民。九月壬申，发粟赈上京、中京贫民。十一月癸未，出粟赈干、显、成、懿四州贫农。

大安三年（1087）春正月甲戌，出钱粟赈南京贫民，仍复其租赋。二月丙戌，发粟赈中京饥。甲辰，以民多流散，除安泊逃户征偿法。三月己未，免锦州贫民租一年。甲戌，免上京贫民租如锦州。夏四月戊子，赐中京贫民帛，及免诸路贡输之半。丙申，赐陽乌古部贫

民帛。乙巳，诏出户部司粟，赈诸路流民及义州之饥。五月庚申，海云寺进济民钱千万。秋七月丁巳，出杂帛赐兴圣宫贫民。铸"大安三年"金银铜三材纪年供养钱。十月罢节度以下进珍玩。大公鼎徙长春州钱帛都检点。贵主例为假贷，公鼎拒之，闻怨言曰："此吾职不敢废也。"

大安四年（1088）春正月庚午，免上京逋逃及贫户税赋。甲戌，以上京、南京饥，许良人自鬻。二月甲午，曲赦春州役徒，终身者皆五岁免。己亥，赦泰州役徒。三月己巳，赈上京及平、锦、来三州饥。夏四月己卯，赈五州贫民，并免其租税。甲申，赈庆州贫民。乙酉，减诸路常贡服饰物。丁酉，立入粟补官法。五月乙卯，赈祖州贫民。丁巳，诏免役徒，终身者五岁免之。己未，赈春州贫民。丙寅，禁挟私引水犯田。秋七月戊申，曲赦奉圣州役徒。己巳，禁钱出境。冬十月癸未，免百姓所贷官粟。赵挺之使辽耳疾，辽帝赏药，药市中亦有，价甚贵，方匙钱数千。

"大康元宝"背上俯月小平铜钱树

大辽国道宗皇帝耶律洪基大康年间铸造。

"大安元宝"短安背上俯月小平铜钱树

大辽国道宗皇帝耶律洪基大安年间铸造。

大安五年（1089），皇帝下令修复一寺院，完工，赐钱十万，田一百四十余顷。扩大寺院产业，相反就缩减纳税之田，形成恶性循环。辽亡原因之一就是上下佞佛。

大安六年（1090），官吏中有度支部判官、上京盐铁使。从宋进口大量书籍。海上贸易发展迅速，辽代船队远航到南洋诸岛和中国南方各地，带去了辽朝货币和各种出口货物，换回来各种辽境稀缺的物品。

大安七年（1091）二月壬寅，诏赐谓州贫民耕牛、布绢。秋七月戊午朔，回鹘遣使来贡异物，不纳，厚赐遣之。九月己亥，日本国遣郑元、郑心及僧应范等二十八人来贡。与日本的贸易进入新阶段，当年进口了日本兵器。宋为禁铜钱入契丹立严酷法条。

大安八年（1092）三月丁未，曲赦中京、蔚州役徒。九月丁未，日本国遣使来贡。冬十月丙辰，赈西北路饥。十一月丁酉，通州潦水害稼，遣使赈之。

大安九年（1093）九月癸卯，赈西北路贫民。冬十月乙卯，诏以马三千给乌古部。丁巳，赈西北路贫民。皇帝赐钱万贯雕造石佛经。遵化鸡鸣寺南临永济院煮盐场，该寺开设典当业，收取利息以养僧民。除开支外，积库钱五千贯，购田地三千亩，增山林百余顷，果木七千余株。除佛寺所用殿堂僧舍外，尚开有旅店一百七十间。可见辽时寺院不仅兼营农业、林业、果木业、盐业、还从事旅馆业。俨然自成经济体系。由于寺院享有免税特权，于国家无半点好处，结果造成国家财政来源减少，开支增加，生产自然萎缩，国力日衰。宋使亡，辽赏棺及装校银三百两。

大安十年（1094）夏四月己巳，除玉田、密云流民租赋一年。闰四月庚子，赐西北路贫民钱。十二月癸酉，三河县民孙宾及其妻皆百岁，复其家。己酉诏明年改元寿隆。宋严申铜钱出外界法，想阻止铜钱外流而不能。辽铸有银钱、花银钱。因多与中西亚使用金、银钱国家贸易，故境内金、银钱和银锭遗存不多。云居寺刻经历五代、圣宗、兴宗近百年，费银钱百万镪始成，得刻经石4800片。

辽朝道宗初中期，财政收入和货币经济的发展，都达到了顶峰，所以连续多年的灾荒并未给整个国家经济造成真正困难。其以实渗，出钱以赈贫乏及诸宫分边戍人户，绰绰有余。是时虽未有贯朽不可较之积，亦可谓富矣。

寿隆元年（1095）春正月，颁行"寿隆元（通）宝"金银铜三材五等钱和契丹文寿隆年号折十型金银赏赐钱。乙卯，赈奉圣州贫民。二月戊辰，赐左、右二皮室贫民钱。三月丙午，赐东北路贫民绢。夏四月庚寅，录西北路有功将士。九月丙辰，诏西京炮人、弩人教西北路汉军。十一月甲辰，夏国进贝多叶佛经。许北府宰相每日取十万钱为私人之费用。官吏中有管内都商税判官、监银绢库、儒州商曲铁院使。赐缙阳寺银十两、绢十匹、钱七百余贯、粟千石。允其每年放钱五百缗，每年取息一分，即年息百分之十，月息八厘三毫。十二月改年号隆字为昌字，不算改新元。诏明

年用"寿昌"代"寿隆"为年号。铸"寿昌元（通）宝"金银铜三材五等钱。明年颁行。

寿昌二年（1096）春正月辛酉，市牛给乌古、敌烈、隈乌古部贫民。二月癸亥，赈达麻里别古部。夏四月己卯，振西北边军。宋出元丰库钱四百万缗给陕西、河东与辽购粮。女真首领贡金、珠、良马取悦朝廷。铸"寿昌贰年"金银铜三材纪年供养钱。见有折三、折十两种版别钱。

寿昌三年（1097）二月丙辰朔，南京水，遣使赈之。三月辛酉，燕国王延禧生子，仍赐官属钱给妃之父。辽主令五京僧徒讲经，修盖寺院，剃度其众。僧徒恃势恣纵，放债营利，侵夺小民，民甚苦之。中京普济寺三年积钱五千余贯。东京见曲院使，其属下有秤吏勾结北院枢密使，恃其势力，每天索官钱二千，人莫敢言敢止。时锦州永乐有领兵官将他自己的牛、羊、骆驼、马硬性分配给下属各县农民，勒令他们为他放牧。每天派其亲信仆从视察其肥瘦，瘦了就鞭打，肥者则要钱，人民不

"寿隆通宝"背上俯月小平铜钱树

大辽国道宗皇帝耶律洪基寿隆年间铸造。

胜其苦。官吏恣横，额外盘剥，矛盾深化，国运日衰。

寿昌四年（1098），宋之雄州、霸州等处榷场自景德二年（1005）来，即购买辽之麻布以供军用。起初，麻布极厚重，后来逐年减质，近年已成鱼网状，无法使用。宋廷下令，非原样不收。易州开元寺塔记中记载："寿昌中，盗寇群行，劫人财用。尝有寄黄白金共百余两于寺者，会其人卒，经数年，乃以本及利以还之。"这是大辽后期寺院经营存款放贷的正式记录。辽宋于贾胡幢增设榷场一处。

寿昌五年（1099）六月甲申，以奚六部大王回离保（汉名萧干）为契丹行宫都部署。冬十月戊辰，赈辽州饥，仍免租赋一年。于贾胡幢修建税场屋宇以利两国人民相互贸易。官吏中设金部郎中兼度支判官。燕京大昊天寺是皇帝之姑母舍其宅第为寺。本年，皇帝又施钱五万贯进行修葺。

寿昌六年（1100）三月甲申，弛朔州山

林之禁。六月辛丑，以有司案牍书宋帝"嗣位"为"登宝位"，诏夺宰相以下数人官。十一月壬申，以天德军民田世荣三世同居，诏官之，令一子三班院祗候。丙子，召医巫闾山僧志达设坛于内殿。

寿昌七年（乾统元年，1101）春正月壬戌朔，天祐皇帝耶律洪基崩，终年七十岁，在位四十六年，庙号道宗。孙耶律延禧嗣位，尊号天祚皇帝，改元乾统，铸"乾统元（通）宝"金银铜三材五等钱和契丹文乾统年号折十型金银赏赐钱。三月甲戌，召僧法颐放戒于内庭。是岁，完颜阿骨打继任生女真部节度使，俗呼太师。

乾统二年（1102），诛耶律乙辛党，徙其子孙于边。此时辽境白银及金、银钱使用已深入社会各角落，镏金钱币大行其道，就连祭祀、民俗钱币也遍体镏金。但铜钱与金、银钱与镏金钱的比价如何、怎样兑换，史籍无载。但可证此时辽国势虽已衰，可经济仍异常发达，货币兑换机构应和质铺一样

"寿昌元宝"背上俯月小平铜钱树

大辽国道宗皇帝耶律洪基寿昌年间铸造。

"乾统元宝"背上星小平铜钱树

大辽国天祚帝耶律延禧乾统年间铸造。

遍布城乡。辽其时群牧有马数万群，每群不下千匹，总计约有千万匹之多，按每匹均价四十两（与宋交易价）计，约值四万万两之巨，其国之富令人咋舌。

乾统三年（1103）二月庚午，以武清县大小，弛其陂泽之禁。秋七月，中京雨雹，伤稼。十一月丙申，召监修国史耶律俨纂太祖实录。出土碑刻中有宝兴银冶之名，为新增之冶。在辽境发现很多日本皇朝钱和高丽钱，有些在其国现今也非常罕见，足见辽和二国经济来往之频繁。

乾统四年（1104）秋七月，南京蝗。冬十月己酉，凤凰见于潩阴。十一月乙亥，御迎月楼，赐贫民钱。

乾统五年（1105）二月癸卯，微行，视民疾苦。冬十一月戊戌，禁商贾之家应进士举。对处于重要社会地位的"商贾"阶层，给予进军仕途的限制。宋梁子美从漕以计三百万缗市北珠献给徽宗。

乾统九年（1109）秋七月，陨霜，伤稼。马人望迁南京诸宫提辖制置。是岁，诸处饥乏，唯人望所治粒食不缺，路不鸣桴。迁中京度支使，始至府禀皆空，视事半岁，积粟十五万斛，钱二十万镪。

乾统十年（1110）十二月己酉，定明年改元为天庆。是岁，大饥。

天庆元年（1111），铸"天庆元（通）宝"金银铜三材五等钱，铸金银铜三材"大辽天庆"国号年号一体钱和契丹文天庆年号折十型金银赏赐钱。乌古敌烈叛辽，另派节度使前往镇抚，至其地后"遂出私财及发富民积，以赈其困乏"。"私财"之"财"和"富民积"的"积"，肯定是金、银、钱，用其赈困，说明边僻之地，各种货币都一样畅通。

天庆二年（1112）二月丁酉，辽主"鱼头宴"，阿骨打拒舞。九月，阿骨打称兵。辽官吏中见顺州商曲都监。朝阳建铁塔一座，十三层，高二百尺（约六十米）。建塔时有施主舍钱一千缗，和尚施四百千（贯、缗）以充工费。

"天庆元宝"背下仰月小平铜钱树

大辽国天祚帝耶律延禧天庆年间铸造。

天庆三年（1113）春正月丙寅，赐南京贫民钱。甲戌，禁僧尼破戒。丙子，猎狗牙山，大寒，猎人多死。官吏中见景州龙池冶监，其冶铁货供不应求，后改派新官"督役勉工，亲时铸炼，所收倍于常绩"。该地还设有征商、榷酒之官，足见当地商业之繁荣。又见偏僻仅有三千户的潞县竟设商、曲、铁都监，可见当时商业、冶铁、酒专卖已遍及辽的每一寸土地。还见燕京都曲院都监之设，当是燕京内曲院过多，故设都曲院都监总管之，燕京的繁华可见一斑。

天庆四年（1114）春正月初，女真起兵，辽兵屡战屡败。更因奸相萧奉先护其弟败将嗣先，使辽军"战则有死而无功，退则有生而无罪"。士无斗志，望风奔溃。当年所设官吏见有西京管内都商税判官。某寺一老和尚死，其遗产多达二十万贯。寺院以其遗产放货生息，永无休息。舍其息四百缗助另一寺修缮大殿；又以四百缗举办佛事法会。时燕京欠收，粮价飞涨。主管官员屯粟不出，待善价而

沽。皇后与帝干预，遂以平价售出，"燕民赖以济活者数百万"。因兵困，辽在长春、辽西诸路按户财征兵，每值三百贯出一军额，时富民有出一百名到二百名者，即户财达三万贯至六万贯，时征兵数十万，则民财约有上亿万。可见辽民之富庶。

天庆五年（1115）春正月壬申朔，女真完颜阿骨打登皇帝位，建国号金，建元收国。秋七月辛未，宋遣使致助军银绢。九月，耶律章奴反，掠庆、饶、怀、祖等州。十二月乙巳，耶律张家奴叛。此时寺院之利息是本钱五千（即五贯，约合银五两）斡（斡脱钱）之于寺之北质库，岁得息十余镒（镒者，白银也，一般一镒指一两）。年息百分之二百以上，实为高利贷不假。

天庆六年（1116）春正月，渤海将高永昌据东京称帝，建大渤海国，建元隆基元年，铸"隆基通宝"钱。五月金陷东京，擒杀高永昌。大渤海国亡。累与金战，辽战马损失十之六七，虽价增数倍无可买。从军者须买官马以

从军。某寺建一塔，化缘竟得钱数百万，此时货币上市量可说达历史最高点。辽官吏中此时见设辽西路钱帛判官。

天庆七年（1117）春正月甲寅，减厩马粟，分给诸局。十二月，金改元天辅。

天庆八年（1118），女真破辽五十余城，原在沿边各州所设和籴仓，储粮三十万石，尽被金人占有。春正月，东路诸州盗贼蜂起，掠民自随以充食。十二月甲申，山前诸路大饥，斗粟直数缣，民削榆皮食之，既而人相食。金人破辽上京，所有文书档案毁焚殆尽，金、银、珠、玉、钱货、钱局样模，尽被掠之而去。为解决战争费用，大开卖名之门，三千贯可买"特补进士出身"文凭一纸。本年土地价格，每亩五千五百五十五文。金主诏令辽"岁输银绢二十五万两匹。"

天庆九年（1119）二月，张撒八诱中京射粮军，僭号，南面军帅余睹擒撒八。面对江山丢失过半，天祚帝仍游猎不止。夏，金人攻破上京路，诸陵并皇妃子弟影堂焚烧殆尽，金银珠宝被洗劫一空。

天庆十年（1120），金辽和谈决裂。粮草缺乏的辽军士气低下，叛逃者如过江之鲫。辽境内窖藏铜钱很多应为此时埋藏。

保大元年（1121）春正月丁酉朔，改元，铸"保大元（通）宝"金银铜三材五等钱和契丹文保大年号折十型金银赏赐钱。辽郡县所失过半，可辽皇室内乱不止。天祚信谗言，赐死文妃，诬杀萧昱，逼反余睹，自毁长城。宋停贡辽"岁币"。起于1005年，止于1122年，前后117年的"岁币"，共贡白银一千九百五十二万两，绢三千一百一十万匹。

保大二年（1122）春正月乙亥，金克中京、泽州。天祚却在驾鸳泺赐死晋王，诛杀大将耶律撒八等，诸军由是人心涣散。三月丙寅，方悟奉先不忠，遂并赐死。癸酉，诸局百工多亡。秦晋国王耶律淳在燕自称天锡皇帝，改元建福，世称北辽，铸"建福

元（通）宝"金银铜三材五等钱。招瘦军万人，支钱三十余万贯。六月，耶律淳病故，谥曰孝章皇帝，庙号宣宗。萧德妃被立为皇太后，遥立天祚次子秦王定为帝，太后遂称制，改元德兴，铸"德兴元（通）宝"金银铜三材五等钱。萧太后杀李处温，得其当宰相数月间所得钱七万缗，金玉宝器无数。宋金订立夹攻辽国的海上之盟。但宋军大败而归，辎重损失殆尽。辽天祚帝所携宫、内库、三局珍宝及历代祖先所积珍宝悉数为金兵掠去。剩下一些，打点包装为五百余袋，轻骑逃往夹山。十一月乙丑，萧德妃出古北口，趋天德军。十二月，金兵占据南京。辽国货币经济至此全面崩溃。

保大三年（1123）春正月丁巳，奚王回离保（汉名萧干）据箭笴山，建大奚国，自称神圣皇帝，改元天阜，铸"天阜元（通）宝"金银铜三材五等钱。五月，因奚境粮食短缺，回离保出卢龙岭，攻破景州，又败宋常胜军将领张令徽、刘舜臣于石门镇，继而陷蓟州，兵临燕京城，传有涉河犯京师（汴京）之意，一时宋朝人情汹汹，颇有谋弃燕者。七月，平州张珏杀萧谛里，劫掠其家财数十万。八月乙未，郭药师用计招得叛徒，大败回离保于峰山。破其众，乘胜穷追，过卢龙岭，杀伤大半。从军之家，悉为常胜军所得，招降奚、渤海五千余人，生擒奚大将阿噜，并获辽太宗尊号宝检契丹涂金印等。由于各军离心，奚军溃散，八月十五日回离保被部将耶律阿古哲（又名"巴尔达喀"）和其外甥乙室八斤、家奴白底哥等人所袭杀，其首级被献于宋军。大奚国亡。

保大三年（1123）二月癸巳，天祚帝诛萧德妃，五月庚申，梁王雅里被军将耶律敌烈等立以为帝，改元神历，铸"神历元（通）宝"金银铜三材五等钱。秋九月，耶律大石从金营逃归。冬十月，梁王雅里病殁，耶律术烈继之。十一月，最后一任北辽皇帝耶律术烈为

"保大通宝"背上星小平铜钱树

大辽国天祚帝耶律延禧保大年间铸造。

众所杀,北辽灭亡。

保大四年(1124)春正月,天祚帝一路逃窜,乏粮数日,以衣换食。秋七月,宋建平州为泰宁军,以辽降将张毂为节度使,令宣抚司出银绢数万犒赏。后又杀毂,函其首送金。天祚不听耶律大石养兵之谏,大石遂杀天祚监使,置北、南官属,自立为王,率所部西去,天祚遂败。逃跑之际,天祚还携一尊黄金铸佛象,长丈有六尺(五米多),可见辽国积蓄之富。是月,金太祖阿骨打死。十一月,从行者举兵乱。

保大五年(1125)正月辛巳,天祚帝逃亡,陷绝地,绝粮,无御寒具,潜宿民家。二月,至应州新城东六十里,天祚帝被金将完颜娄室擒获,大辽灭亡。八月丙午,降为海滨王。后以疾终,年五十有四,在位二十四年。

契丹帝国自天皇帝耶律阿保机于907年开国,到1125年天祚帝耶律延禧被金人所俘,国运长达218年。帝国疆域东至库页岛,西至阿尔泰山,南与宋、夏为邻,北至贝加尔湖,面积达六百多万平方公里。在这广袤的土地上,契丹子后晋侄汉宋,臣服高丽、西夏,演绎了一幕幕惊天地泣鬼神的悲壮的历史正剧。作为契丹经济史一部分的契丹货币史、钱币史大事记,本应有更详尽的叙述,但因史料过于匮乏,只能勉为其难,简单描述罢了。

契丹帝国时期的年号钱

契丹建国于907年,916年始建年号,938年(一说947年)改国号为辽,983年复称契丹,1066年仍称辽。

自太祖916年建元神册,至天祚帝保大五年(1125)被金俘虏契丹国灭亡的209年里,共建年号二十二个。其中辽道宗大康年号曾作太康,寿昌年号曾作寿隆,而太康、寿隆这两个年号为一字异写,不算改新元,故仍称契丹建元二十二个。契丹皇帝(含称制、听政者)铸造年号钱情况如下(见表三):

表三

		无年号 (10)	丁卯	907	
太祖神烈天皇帝	耶律阿保机	神册 (7)	丙子 (十二)	916	神册元（通）宝、天赞元（通）宝、天显元（通）宝
		天赞 (5)	壬午 (二)	922	
		天显 (1)	丙戌 (二)	926	
应天皇太后	述律平	天显 (1)	丙戌 (七)	926	天显元（通）宝
太宗惠文帝	耶律德光	天显 (11)	丁亥 (十一)	927	天显元（通）宝、会同元（通）宝、大同元（通）宝
		会同 (10)	戊戌 (十一)	938	
		大同 (1)	丁未 (二)	947	
世宗庄宪帝	耶律阮	天禄 (5)	丁未 (九)	947	天禄元（通）宝
泰宁帝	耶律察割	天禄 (1)	辛亥	951	
穆宗敬正帝	耶律璟	应历 (19)	辛亥 (九)	951	应历元（通）宝
景宗康靖帝	耶律贤	保宁 (11)	己巳 (二)	969	保宁元（通）宝、乾亨元（通）宝
		乾亨 (3)	己卯 (十一)	979	
圣宗孝宣帝	耶律隆绪	乾亨 (2)	壬午 (九)	982	乾亨元（通）宝、统和元（通）宝、开泰元（通）宝、太平元（通）宝
		统和 (30)	癸未 (六)	983	
		开泰 (10)	壬子 (十一)	1012	
		太平 (11)	辛酉 (十一)	1021	
兴宗孝章帝	耶律宗真	景福 (2)	辛未 (六)	1031	景福元（通）宝、重熙元（通）宝
		重熙 (24)	壬申 (十一)	1032	
道宗孝文帝	耶律洪基	清宁 (10)	乙未 (八)	1055	清宁元（通）宝、咸雍元（通）宝、太康元（通）宝、大康元（通）宝、大安元（通）宝、寿隆元（通）宝、寿昌元（通）宝
		咸雍 (10)	乙巳	1065	
		大（太）康 (10)	乙卯	1075	
		大安 (10)	乙丑	1085	
		寿昌（隆）(7)	乙亥	1095	
天祚帝	耶律延禧	乾统 (10)	辛巳 (二)	1101	乾统元（通）宝、天庆元（通）宝、保大元（通）宝
		天庆 (10)	辛卯	1111	
		保大 (5)	辛丑	1121	

契丹帝国时期的非年号钱

　　自契丹太祖阿保机907年登基号天皇帝，至天祚帝被金擒获国灭的218年里，契丹铸钱业获得极大发展，国家不仅建立了遍布全国的完整的冶炼、铸造、管理、调拨、运输等一整套钱币管理系统，而且制定了科学有效的货币政策，为国家的经济发展做出了重大的贡献。

　　在契丹帝国的早期（907－916年），天皇帝耶律阿保机为实现自己"化祖为神，化家为国"的政治策略，铸造了大量非年号钱。有流通行用钱、流通纪念币，有赏赐钱、祝圣钱、祭祀钱、佩饰钱等等，品种繁多，铸量巨大。

阿保机以后的历代契丹皇帝登基后，都陆续铸造了各种各样的非年号钱，其中以辽太宗、辽圣宗、辽道宗三帝铸造的品种最多，数量最大。这个时期契丹非年号钱的铸造技艺达到炉火纯青的地步，其铸造的非年号钱在中国钱币中独树一帜，浑厚粗犷、精美大气、气势夺人，实为历代非年号钱中的佼佼者。

辽太祖铸非年号钱

契丹文"天朝万岁"钱：开国流通纪念币，有小平、折二、折三、当五、当十、当百、当千、当万多种等级，有金、银、铜、铁多种材料，有背刻阴文的祭祀用钱，亦有光背行用钱，还有背奔马的宫廷娱乐打马格钱。存世罕少，极珍贵。

汉文、契丹文"皇帝万岁"钱：开国流通纪念币，有小平、折二、折三、折五、当十、当百、当千、当万多种等级，有金、银、铜多种材料，有光背行用钱，还有背百戏人物、背仙人的宫廷用钱。存世罕少，很珍贵。

汉文、契丹文两铸的"千秋万岁"钱：契丹国国家流通行用钱。有汉文、契丹文两

契丹文"皇帝万岁"折十金钱

大辽国太祖皇帝耶律阿保机建国初年铸造的非年号钱。

套不同文字等级钱，有半文钱、小平、折二、折三、折五、当十、当百、当千、当万多种等级，有金、银、铜多种材料，有光背行用钱，还有背各种纹饰的宫廷用钱、赏赐用钱、祭祀用钱。还有钱中钱、钱银库计数钱，以及巨型镇库、镇墓钱、形状各异的佩饰钱、护身符钱，有近千余个品种，存世都较罕少，较珍贵。

汉文"翯龙谢钱"：赏赐各国使节钱。有背"家国永安"和背上星下月两个版别与折十、折二十两个等级。较罕少，珍。

汉文"乔龙谢钱"：赏赐各国使节钱。有光背和背上星下月两个版别与折十、折二十两个等级。较罕少，珍。

契丹文"泰皇万国"钱：赏赐钱。折二十型光背钱，有金、银、铜三种钱，珍。

契丹文"天公安国"钱：祝圣钱。折十型光背钱，金钱。孤品，大珍。

镂空"天皇地后人皇三神"挂钱：护身符钱。折五十型。有金、银、铜三种钱，传世仅见镏金、银两品，大珍。

柴册仪、祭山仪图画钱：祭祀钱。折五十型。仅见铜钱传世。绝罕，大珍。

契丹文"福德长寿"钱：祝寿钱。折十型钱。旧释为"寿福永昌"，有光背和背契丹文神册花押、契丹文神册花押小平钱三种。较少，珍。

汉文"福德长寿"钱：聘享祝寿钱。阿保机曾用背"乾封泉宝"钱贺楚马殷六十大寿。有折五、折十、折五十型钱。有背"千秋万岁"、"乾封泉宝"和背上星下月以及钱文行书、草书的背本命星官、背本命元神十二枚生肖套钱多种。都极罕少，珍。

汉文"龟龄鹤寿"钱：祝寿钱。见折五、折十型钱。有隶书、楷书、九叠篆阳铸阴刻钱文及各种背饰钱。传世见金、镏金、银、铜钱。有些版别罕少，珍。

汉文"龟鹤齐寿"钱：祝寿钱。仅见折

"乔龙谢钱"背八"皇"字铜钱

大辽国太祖皇帝耶律阿保机在位时铸造的非年号钱。二十型钱。有楷书等两三种版别钱传世。仅见铜钱面世。传世罕少，珍。

汉文"龟龄鹤筭"钱：祝寿钱。见有折三、折五、折十型钱。有银、铜两种钱面世。传世罕少，珍。

汉文"天寿永吉"钱：祝寿钱。仅见折二十型钱。仅见有楷书圆孔方孔两种版别铜钱面世。传世罕少，形。

汉文"重臣千秋"钱：赏赐钱。折十型钱，光背。少见，珍。

汉文"大丹万年"钱：节庆祝语钱。折十、折五十型钱。"丹"字为契丹文，见金、镏金、银、铜钱。少见，珍。

汉文"神册万年"钱：节庆祝语钱。折十型钱背契丹文"丹"字，折三型钱背汉文"丹"字。见金、镏金、银、铜钱。少见，珍。

汉文"神册元年"钱：祭祀供养钱。折五型钱。有背汉文丹和异字纹两种版别。见金、镏金、银、铜钱。少见，珍。

契丹文"神册元年"钱：祭祀供养钱。折五十型钱。有光背和高浮雕天皇帝地皇后像两个品种。见金、镏金、银、铜钱。少见，珍。

契丹文"天行太平"钱：节庆祝语钱。折十型钱。光背。见金、镏金、银、铜钱。少见，珍。

契丹文"契丹元宝"钱：国号钱。折十型钱，背四决。传世仅见金钱一枚。应是试铸钱。孤品，大珍。

契丹文"皇命太尉"钱：官号钱。折十型钱，背巨月孕星。传世仅见金钱一枚。应是试铸钱。孤品，大珍。

汉文"一千万千"钱：钱库记数钱。折十、折五十型钱。折十钱易见，折五十型大钱罕见。折十钱罕，折五十钱珍。

汉文"一万万千"钱：钱库记数钱。折五十型钱。极其罕见，大珍。

汉文"十万万万"钱：钱库记数钱。折五十型钱。极其罕见，大珍。

汉文"万万"钱：钱库记数钱。特大型钱。极其罕见，大珍。

应天太后铸非年号钱

"天子乘龙，九州同庆"图案钱：祭祀供养钱。折二十型钱。有背十二生肖和背上星下月两种版别。形制大小数种。见金、镏金、银、铜、铁钱。少见，珍。

"龟龄鹤寿"背双龙戏珠铜钱

大辽国太祖皇帝耶律阿保机在位时铸造的非年号钱。

辽太宗铸非年号钱

汉文"尧舜衢宝"钱：庆典赏赐钱。为皇兄太子耶律倍禅让帝位特铸。有折五、折十两种，折五背"天"字，折十光背。见金、镏金、银、铜钱。罕少，珍。

汉文"尧天舜日"钱：庆典赏赐钱。亦是为皇兄太子耶律倍禅让帝位特铸。有折五、折十两种。仅见铜钱一种，珍。

汉文"大辽国宝"钱：国号纪念钱。天显十三年（938）石敬瑭献燕云十六州，契丹新建汉文国号"大辽"，此钱即为纪念汉文国号新建而铸。传世见小平、折三、折十三种金、银、铜钱，其他等级钱未见面世。绝罕，珍。

汉文"大辽神册"钱：国号年号一体钱。折十型钱。辽太宗建汉文国号"大辽"后补铸。见金、银、铜三材同模钱。罕少，珍。

汉文"大辽天赞"钱：国号年号一体钱。折十型钱。辽太宗建汉文国号"大辽"后补铸。见金、银、铜三材同模钱。罕少，珍。

汉文"大辽天显"钱：国号年号一体钱。折十型钱。辽太宗建汉文国号"大辽"后补铸。见金、银、铜三材同模钱。罕少，珍。

汉文"大辽会同"钱：国号年号一体钱。折十型钱。辽太宗建汉文国号"大辽"后铸。见金、银、铜三材同模钱。罕少，珍。

汉文"大辽大同"钱：国号年号一体钱。折十型钱。辽太宗攻下晋都汴梁后铸。见金、银、铜三材同模钱。罕少，珍。

汉文"大辽永安"背四神钱：节庆赏赐钱。折五十型钱。祈祝辽国平安的吉语钱。极罕见，仅见雕刻铜钱一枚，大珍。

汉文"家国永安"钱：节庆赏赐钱。折五十型钱。为晋儿皇帝石敬瑭与辽之间的关系特铸。版别多达数十种，较少，珍。

汉文"大辽镇库"钱：国号镇库钱。折十、折二十型钱。辽太宗建汉文国号"大辽"后铸。见金、银、铜三材同模钱。罕少，珍。

汉文"大辽元宝"钱：国号钱。辽太宗攻下晋都汴梁后铸。传世仅见折三铁钱。孤品，大珍。

"大辽国宝"光背小平铜钱树

大辽国太宗皇帝耶律德光在位时铸造。

汉文"天策都师，楚王尚父"钱：封号钱。辽太宗会同七年（944）在马希范45岁寿辰之日遣使祝寿并封赠他为"尚父"时所铸。折十型钱，传世仅见二、三枚，大珍。

汉文"都市百万"钱：庆典赏赐钱。辽太宗会同年间所铸祝语钱。折十型钱。传世仅见铜钱一枚。孤品，大珍。

辽世宗所铸非年号钱

汉文"大辽天禄"钱：国号年号合一钱。折十型钱。辽世宗947年建元天禄后所铸。见金、银、铜三材同模钱。罕少，珍。

辽圣宗所铸非年号钱

契丹文、汉文"大丹国宝"钱：复号纪念钱。为统和年复国号"大契丹"特铸。

祭祀木叶山图画钱：祭天祭祖钱。折十厚重型。为祭祀太祖专铸。传世见有金、镏金、银、铜钱。绝罕，大珍。

诣菩萨堂仪、拜容仪、再生仪图画钱：祭祀钱。为礼仪专铸。折十、折五十型钱。传世仅见铜钱。极少，珍。

汉文"宜兄宜弟"钱：聘享钱。为"澶渊之盟"后赴宋聘使专铸。折五十型钱，传世仅见铜钱。极罕见，珍。

汉文"宋丹宜昌"钱：聘享钱。为"澶渊之盟"后赴宋聘使专铸。折五十型钱，传世见有镏铜钱。罕见，珍。

汉文"应天元宝"背天钱：改范祭祀钱。折十型钱。凿大安山发掘刘仁恭父子藏钱后祭天时（约996年四月左右）铸。极少，罕。

汉文、契丹文面四神背阴刻"赐与军节度使耶律留瓜"金对钱：赏赐钱。折五十型钱。承天太后统和二十六年（1008）特制。孤品，大珍。

辽兴宗铸非年号钱

汉文"四海为家"钱：节庆赏赐钱。以兴宗重熙七年闻谏改策故事教化百官之钱。折五十型钱。孤品，大珍。

契丹文"大丹国宝"背上月下星银钱

大辽国圣宗皇帝耶律隆绪在位时铸造。

汉文"重熙元年"钱：纪年供养钱。仪天太后为进谒佛寺供养特铸纪念用钱。折十型钱。仅见铅铸雕母一枚，孤品，大珍。

辽道宗铸非年号钱

汉文"大辽清宁"钱：国号年号一体钱。道宗清宁年间复号"大辽"后所铸。折十型钱。见有镏金、银、铜钱传世，罕少，珍。

汉文"清宁二年"钱：纪年供养钱。进谒佛寺供养特铸纪念用钱。仅见折五一种。有银、铜钱传世。极罕少，珍。

汉文"咸雍十年"钱：纪年供养钱。进谒佛寺供养特铸纪念用钱。见折五、折十两种。有银、铜钱传世。极罕少，珍。

汉文"大康万年"钱：节庆祝语钱。折五型钱。有金、银、铜三材钱。存世罕少，珍。

汉文"大辽万年"钱：节庆祝语钱。折五型钱。传世见有金、银、铜、玉、牙等材钱。存世罕少，珍。

汉文"大康元年"钱：纪年供养钱。进谒佛寺供养特铸纪念用钱。折二十型钱。有金、银、铜钱传世。极罕少，珍。

汉文"大康二年"钱：纪年供养钱。进谒佛寺供养特铸纪念用钱。折二十型钱。有金、银、铜钱传世。极罕少，珍。

汉文"大康三年"钱：纪年供养钱。进谒佛寺供养特铸纪念用钱。折十型钱。有金、银、铜钱传世。极罕少，珍。

汉文"大康四年"钱：纪年供养钱。进谒佛寺供养特铸纪念用钱。折五型钱。有金、银、铜钱传世。极罕少，珍。

汉文"大康五年"钱：纪年供养钱。进谒佛寺供养特铸纪念用钱。折十型钱。有金、银、铜钱传世。极罕少，珍。

汉文"大康六年"钱：纪年供养钱。进谒佛寺供养特铸纪念用钱。有折五、折十型钱两种。有金、银、铜钱传世。极罕少，珍。

汉文"大康七年"钱：纪年供养钱。进谒佛寺供养特铸纪念用钱。有折五、折十型钱两种。有金、银、铜钱传世。极罕少，珍。

汉文"大安元年"钱：纪年供养钱。进谒佛寺供养特铸纪念用钱。见折十型钱。仅见铜钱传世。极罕少，珍。

汉文"大安三年"钱：纪年供养钱。进谒佛寺供养特铸纪念用钱。见折十型钱。仅见铜钱传世。极罕少，珍。

汉文"寿昌贰年"钱：纪年供养钱。进谒佛寺供养特铸纪念用钱。见折五型隶书钱和折三型

契丹文"大辽万年"背巨月金钱

大辽国道宗皇帝耶律洪基在位时铸造。

楷书钱两种。仅见铜钱传世。极罕少，珍。

天祚帝铸非年号钱

汉文"大辽天庆"钱：国号年号一体钱。天祚帝天庆年间祭祀时为祈求祖宗佑护所铸。折十型钱。见有金、镏金、银、铜钱及背图画阴刻文等钱传世，罕见，珍。

要说明的是，辽代九帝中仅见七帝铸有非年号钱，辽穆宗、辽景宗因未见可定为其所铸非年号钱，故略去未计。

附：契丹帝国时期钱树赏析

金质钱树

"天赞通宝"背上星小平金钱树

大辽国太祖皇帝耶律阿保机天赞年间铸造。

"天赞通宝"背上仰月小平金钱树

大辽国太祖皇帝耶律阿保机天赞年间铸造。

"天显通宝"光背小平金钱树

大辽国太祖皇帝耶律阿保机至太宗皇帝耶律德光天显年间铸造。

"大同通宝"光背小平金钱树

大辽国太宗皇帝耶律德光大同年间铸造。

"大辽国宝"背阴刻文"寿昌万年"折三型金钱树

大辽国太宗皇帝耶律德光在位时铸造的非年号钱。

"天禄通宝"合背小平金钱树

大辽国世宗皇帝耶律阮天禄年间铸造。

"寿隆通宝"光背小平金钱树

大辽国道宗皇帝耶律洪基寿隆年间铸造。

"大辽天庆"光背折十型金钱树

大辽国天祚帝在位时铸造的非年号钱。

银质钱树

契丹文"天朝万岁"光背小平银钱树

大辽国太祖皇帝耶律阿保机在位时铸造的非年号钱。

契丹文"天朝万岁"背上星折三银钱树

大辽国太祖皇帝耶律阿保机在位时铸造的非年号钱。

契丹文"皇帝万岁"光背折十型银钱树

大辽国太祖皇帝耶律阿保机在位时铸造的非年号钱。

契丹文"皇命太尉"背上巨孕星（月包星）折十型银钱树

大辽国太祖皇帝耶律阿保机在位时铸造的非年号钱。

"神册通宝"光背大字小平银钱树

大辽国太祖皇帝耶律阿保机神册年间铸造。

"天显通宝"绞丝显光背小平银钱树

大辽国太祖皇帝耶律阿保机至太宗皇帝耶律德光天显年间铸造。

"大辽天赞"光背折十型银钱树

大辽国太宗皇帝耶律德光在位时铸造的非年号钱。

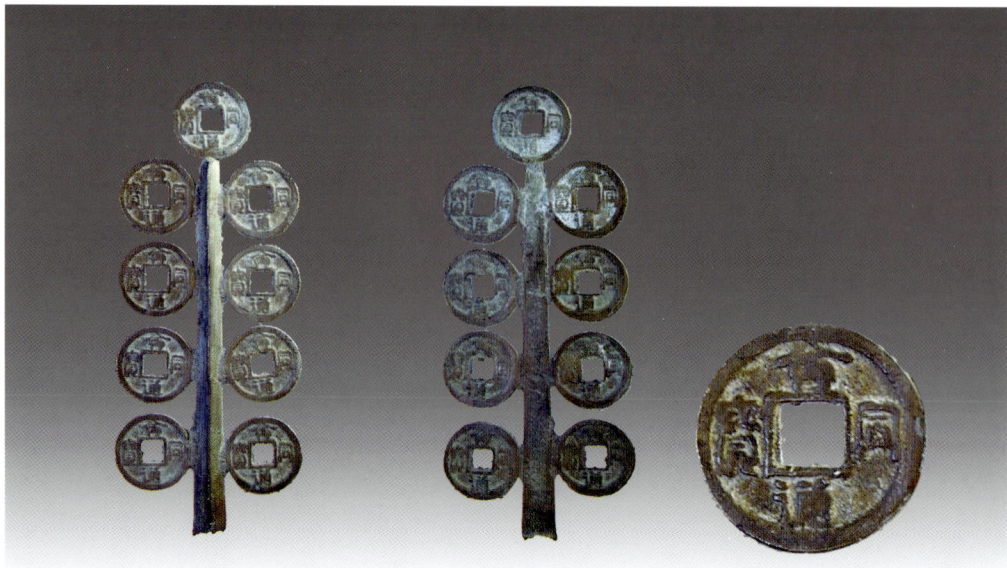

"会同通宝"合背小平银钱树

大辽国太宗皇帝耶律德光会同年间铸造。

"天禄通宝"合背小平银钱树

大辽国世宗皇帝耶律阮天禄年间铸造。

"保宁通宝"光背小平银钱树

大辽国景宗皇帝耶律贤保宁年间铸造。

"保宁通宝"合背小平银钱树

大辽国景宗皇帝耶律贤保宁年间铸造。

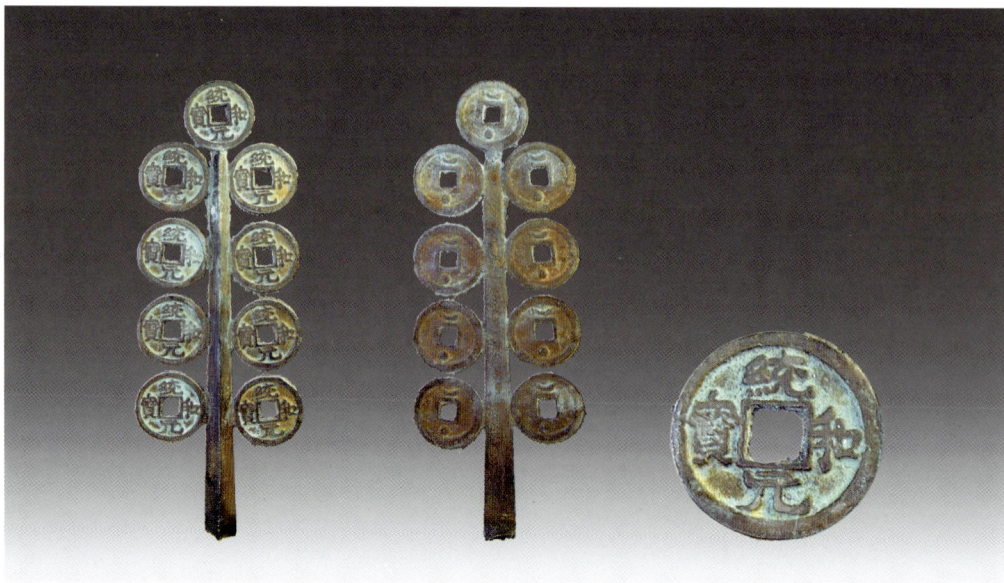

"统和元宝"大字背上月下星小平银钱树

大辽国圣宗皇帝耶律隆绪统和年间铸造。

"统和元宝"背上月下星小平银钱树

大辽国圣宗皇帝耶律隆绪统和年间铸造。

"开泰元宝"光背小平银钱树

大辽国圣宗皇帝耶律隆绪开泰年间铸造。

"开泰元宝"光背小平银钱树

大辽国圣宗皇帝耶律隆绪开泰年间铸造。

"景福通宝"合背小平银钱树

大辽国兴宗皇帝耶律宗真景福年间铸造。

"大辽咸雍"光背折十型银钱树

大辽国道宗皇帝耶律洪基咸雍年间铸造的非年号钱。

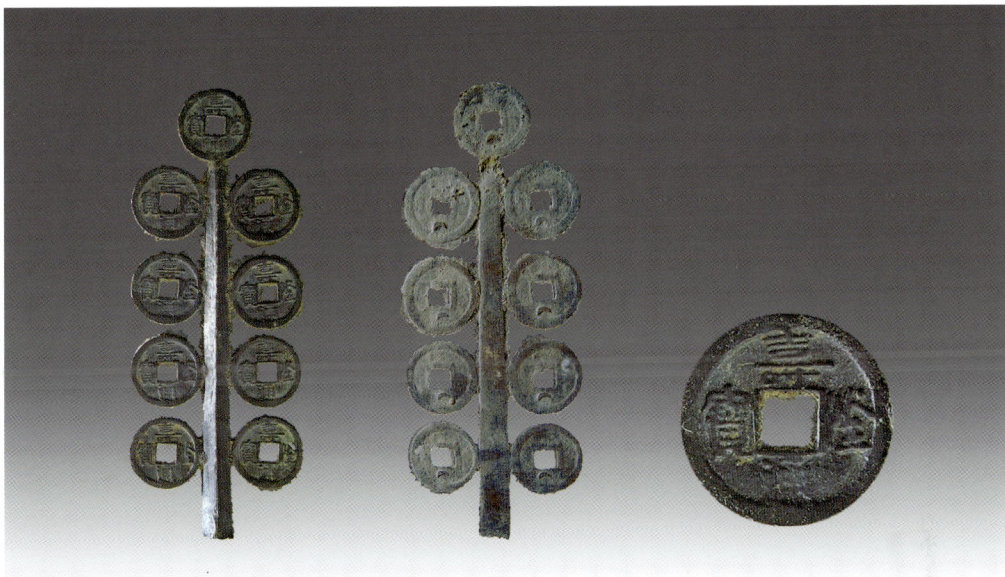

"寿隆通宝"背下月小平银钱树

大辽国道宗皇帝耶律洪基寿隆年间铸造。

"寿隆通宝"背下月小平银钱树

大辽国道宗皇帝耶律洪基寿隆年间铸造。

"寿昌元宝"光背小平银钱树

大辽国道宗皇帝耶律洪基寿昌年间铸造。

契丹文"寿昌四年"光背折十型银钱树

大辽国道宗皇帝耶律洪基寿昌四年铸造的非年号钱。

"保大通宝"光背小平银钱树

大辽国天祚帝保大年间铸造。

铜质钱树

辽太祖时期

契丹文"天朝万岁"光背小平铜钱树

大辽国太祖皇帝建国初期铸造的非年号钱。

"寿福永昌"光背小平铜钱树

大辽国太祖皇帝建国初期铸造的非年号钱。

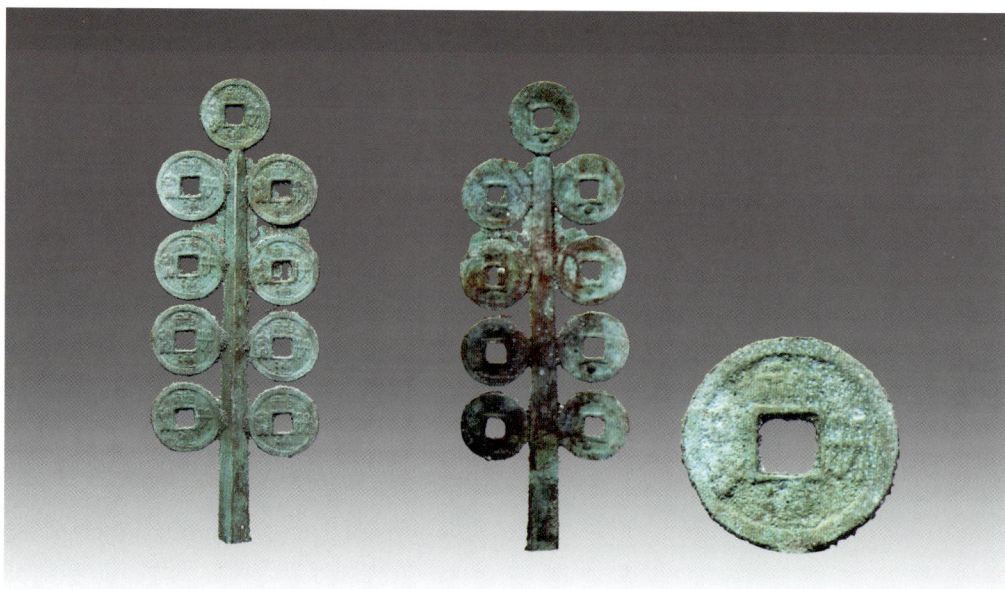

契丹文"神册通宝"背下星小平铜钱树

大辽国太祖皇帝耶律阿保机神册年间铸造。

"神册通宝"背下仰月小平铜钱树

大辽国太祖皇帝耶律阿保机神册年间铸造。

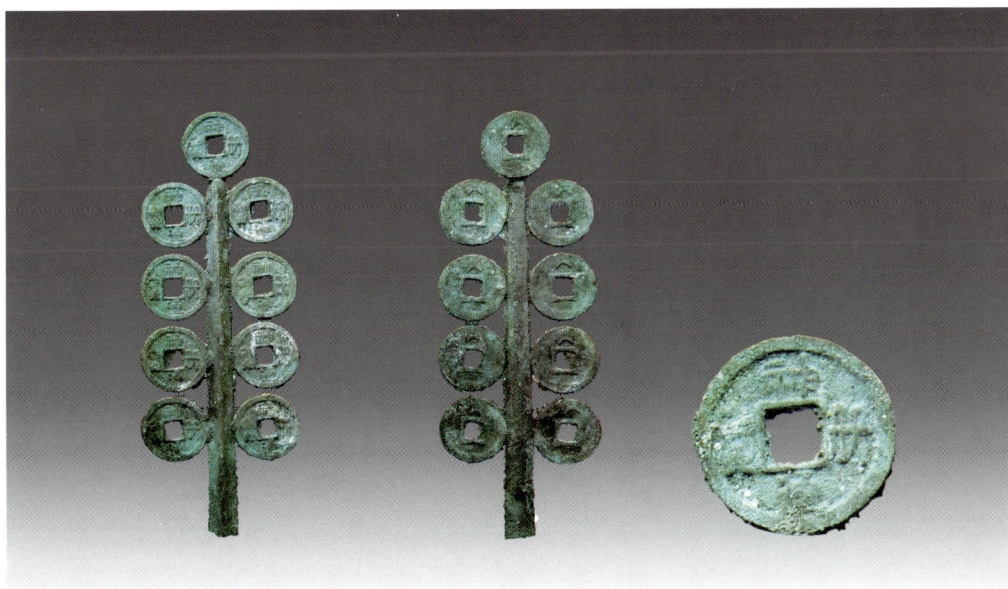

"神册通宝"背上俯月小平铜钱树

大辽国太祖皇帝耶律阿保机神册年间铸造。

"神册万年"背上丹下星折三型铜钱树

大辽国太祖皇帝耶律阿保机神册年间铸造的非年号钱。

"神册万年"背上丹折三型铜钱树

大辽国太祖皇帝耶律阿保机神册年间铸造的非年号钱。

"天赞通宝"背上星小平铜钱树

大辽国太祖皇帝耶律阿保机天赞年间铸造。

"天赞通宝"背上星折三铜钱树

大辽国太祖皇帝耶律阿保机天赞年间铸造。

"天赞通宝"背上仰月小平铜钱树

大辽国太祖皇帝耶律阿保机天赞年间铸造。

"天赞通宝"背上左右三月小平铜钱树

大辽国太祖皇帝耶律阿保机天赞年间铸造。

"天赞通宝"虎尾大通合背小平铜钱树

大辽国太祖皇帝耶律阿保机天赞年间铸造。

"天赞通宝"虎尾通背上星小平铜钱树

大辽国太祖皇帝耶律阿保机天赞年间铸造。

"天赞通宝"虎尾通小字合背小平铜钱树

大辽国太祖皇帝耶律阿保机天赞年间铸造。

辽太宗时期

"天显通宝"背上俯月小平铜钱树

大辽国太祖皇帝耶律阿保机至太宗皇帝耶律德光天显年间铸造。

"天显通宝"背上星小平铜钱树

大辽国太祖皇帝耶律阿保机至太宗皇帝耶律德光天显年间铸造。

"天显通宝"背左右双月小平铜钱树

大辽国太祖皇帝耶律阿保机至太宗皇帝耶律德光天显年间铸造。

"天显通宝"背左右星小平铜钱树

大辽国太祖皇帝耶律阿保机至太宗皇帝耶律德光天显年间铸造。

"天显通宝"光背小平铜钱树

大辽国太祖皇帝耶律阿保机至太宗皇帝耶律德光天显年间铸造。

"天显通宝"光背折三铜钱树

大辽国太祖皇帝耶律阿保机至太宗皇帝耶律德光天显年间铸造。

"天显通宝"合背小平铜钱树

大辽国太祖皇帝耶律阿保机至太宗皇帝耶律德光天显年间铸造。

"天显通宝"绞丝显背上星小平铜钱树

大辽国太祖皇帝耶律阿保机至太宗皇帝耶律德光天显年间铸造。

"大同通宝"背下仰月小平铜钱树

大辽国太宗皇帝耶律德光大同年间铸造。

"大同元宝"光背小平铜钱树

大辽国太宗皇帝耶律德光大同年间铸造。

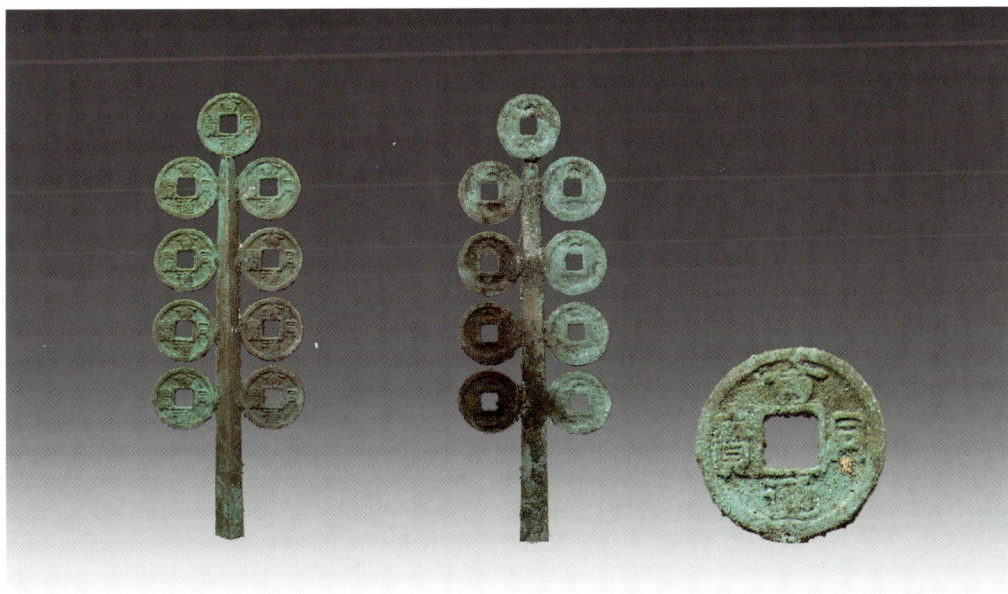

"会同通宝"背上俯月小平铜钱树

大辽国太宗皇帝耶律德光会同年间铸造。

"会同通宝"背上星小平铜钱树

大辽国太宗皇帝耶律德光会同年间铸造。

"会同通宝"背下星小平铜钱树

大辽国太宗皇帝耶律德光会同年间铸造。

"会同通宝"背下仰月小平铜钱树

大辽国太宗皇帝耶律德光会同年间铸造。

"会同通宝"光背小平铜钱树

大辽国太宗皇帝耶律德光会同年间铸造。

辽世宗时期

"天禄通宝"背上星小平铜钱树

大辽国世宗皇帝耶律阮天禄年间铸造。

"天禄通宝"背上星折三铜钱树

大辽国世宗皇帝耶律阮天禄年间铸造。

"天禄通宝"背下星小平铜钱树

大辽国世宗皇帝耶律阮天禄年间铸造。

"天禄通宝"背下仰月折三铜钱树

大辽国世宗皇帝耶律阮天禄年间铸造。

"天禄通宝"光背大天小平铜钱树

大辽国世宗皇帝耶律阮天禄年间铸造。

"天禄通宝"小天光背小平铜钱树

大辽国世宗皇帝耶律阮天禄年间铸造。

辽穆宗时期

"应历通宝"背左右月小平铜钱树

大辽国穆宗皇帝耶律璟应历年间铸造。

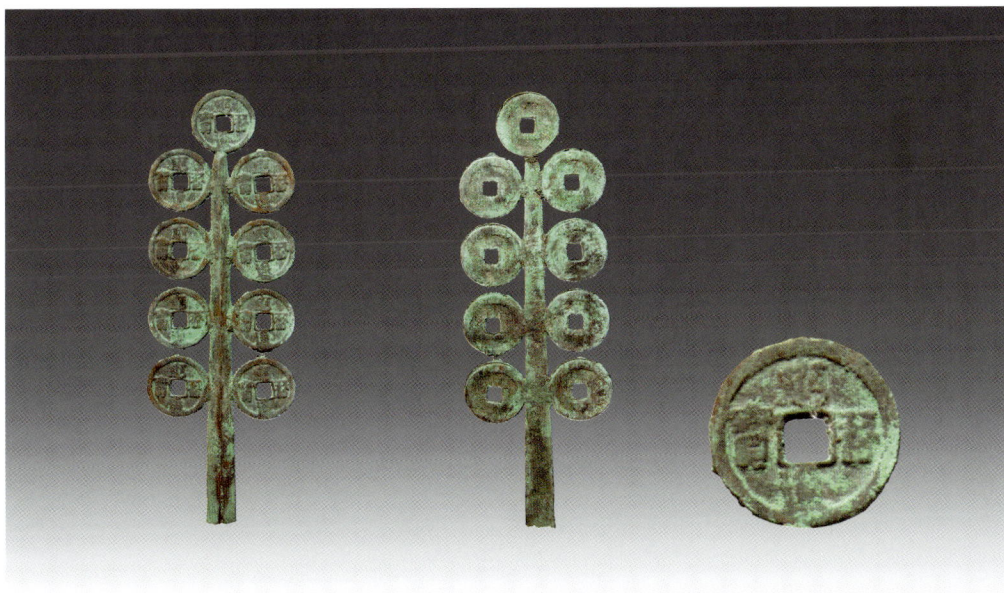

"应历通宝"光背小平铜钱

大辽国穆宗皇帝耶律璟应历年间铸造。

"应历通宝"光背折三铜钱树

大辽国穆宗皇帝耶律璟应历年间铸造。

"应历通宝"背上星折三铜钱树

大辽国穆宗皇帝耶律璟应历年间铸造。

辽景宗时期

"保宁通宝"合背小平铜钱树

大辽国景宗皇帝耶律贤保宁年间铸造。

"保宁通宝"三点通光背小平铜钱树

大辽国景宗皇帝耶律贤保宁年间铸造。

"保宁通宝"田字通光背小平铜钱树

大辽国景宗皇帝耶律贤保宁年间铸造。

"保宁通宝"背上星折二铜钱树

大辽国景宗皇帝耶律贤保宁年间铸造。

辽圣宗（契丹圣宗）时期

"统和元宝"光背折三铜钱树

大辽国圣宗皇帝耶律隆绪统和年间铸造。

"开泰元宝"背上星小平铜钱树

大辽国圣宗皇帝耶律隆绪开泰年间铸造。

"开泰元宝"光背折二铜钱树

大辽国圣宗皇帝耶律隆绪开泰年间铸造。

"开泰元宝"光背折三铜钱树

大辽国圣宗皇帝耶律隆绪开泰年间铸造。

"开泰元宝"异书光背小平铜钱树

大辽国圣宗皇帝耶律隆绪开泰年间铸造。

辽兴宗（契丹兴宗）时期

"景福通宝"光背小平铜钱树

大辽国兴宗皇帝耶律宗真景福年间铸造。

"景福通宝"光背折三铜钱树

大辽国兴宗皇帝耶律宗真景福年间铸造。

"重熙通宝"背上俯月小平铜钱树

大辽国兴宗皇帝耶律宗真重熙年间铸造。

"清宁元宝"光背折三铜钱树

大辽国道宗皇帝耶律洪基清宁年间铸造。

"咸雍通宝"背上星折三铜钱树

大辽国道宗皇帝耶律洪基咸雍年间铸造。

"咸雍通宝"背下俯月小平铜钱树

大辽国道宗皇帝耶律洪基咸雍年间铸造。

"咸雍通宝"背下星小平铜钱树

大辽国道宗皇帝耶律洪基咸雍年间铸造。

"大康元宝"背上星小平铜钱树

大辽国道宗皇帝耶律洪基大康年间铸造。

"大康元宝"背上星折三铜钱树

大辽国道宗皇帝耶律洪基大康年间铸造。

"大康元宝"背下星小平铜钱树

大辽国道宗皇帝耶律洪基大康年间铸造。

"大康元宝"背下仰月小平铜钱树

大辽国道宗皇帝耶律洪基大康年间铸造。

"大康元宝"简康光背折三铜钱树

大辽国道宗皇帝耶律洪基大康年间铸造。

"大康元宝"光背小平铜钱树

大辽国道宗皇帝耶律洪基大康年间铸造。

"大康元宝"合背小平铜钱树

大辽国道宗皇帝耶律洪基大康年间铸造。

"大安元宝"短安背上星小平铜钱树

大辽国道宗皇帝耶律洪基大安年间铸造。

"大安元宝"短安背下星小平铜钱树

大辽国道宗皇帝耶律洪基大安年间铸造。

"大安元宝"短安背下仰月小平铜钱树

大辽国道宗皇帝耶律洪基大安年间铸造。

"大安元宝"短安背左右星小平铜钱树

大辽国道宗皇帝耶律洪基大安年间铸造。

"大安元宝"短安光背小平铜钱树

大辽国道宗皇帝耶律洪基大安年间铸造。

"寿隆通宝"背上星小平铜钱树

大辽国道宗皇帝耶律洪基寿隆年间铸造。

"寿隆通宝"背下星小平铜钱树

大辽国道宗皇帝耶律洪基寿隆年间铸造。

"寿隆通宝"背下仰月小平铜钱树

大辽国道宗皇帝耶律洪基寿隆年间铸造。

"寿隆通宝"背左右星小平铜钱树

大辽国道宗皇帝耶律洪基寿隆年间铸造。

"寿隆通宝"背左月小平铜钱树

大辽国道宗皇帝耶律洪基寿隆年间铸造。

"寿隆通宝"光背小平铜钱树

大辽国道宗皇帝耶律洪基寿隆年间铸造。

"寿隆通宝"光背折三铜钱树

大辽国道宗皇帝耶律洪基寿隆年间铸造。

"寿昌元宝"背上星小平铜钱树

大辽国道宗皇帝耶律洪基寿昌年间铸造。

"寿昌元宝"背下仰月小平铜钱树

大辽国道宗皇帝耶律洪基寿昌年间铸造。

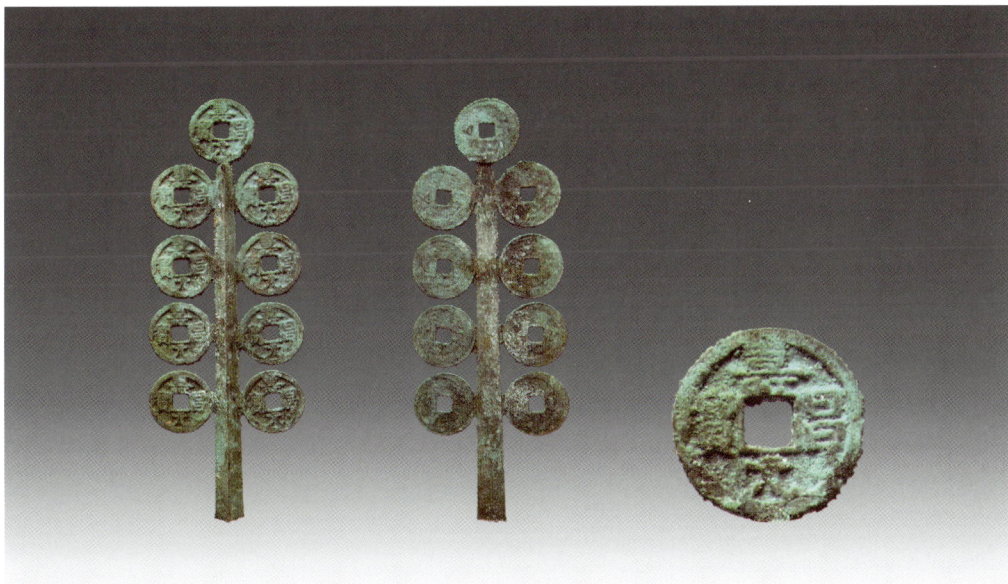

"寿昌元宝"背左右月小平铜钱树

大辽国道宗皇帝耶律洪基寿昌年间铸造。

"寿昌元宝"光背小平铜钱树

大辽国道宗皇帝耶律洪基寿昌年间铸造。

"寿昌元宝"正昌背上星小平铜钱树

大辽国道宗皇帝耶律洪基寿昌年间铸造。

"寿昌元宝"光背折三铜钱树

大辽国道宗皇帝耶律洪基寿昌年间铸造。

"寿昌元宝"背上星折三铜钱树

大辽国道宗皇帝耶律洪基寿昌年间铸造。

"大辽国宝"背阴刻契丹文"寿昌万年"折三铜钱树

大辽国道宗皇帝耶律洪基寿昌年间铸造的非年号钱。

天祚帝时期

"乾统元宝"背下星小平铜钱树

大辽国天祚帝耶律延禧乾统年间铸造。

"乾统元宝"背下仰月小平铜钱树

大辽国天祚帝耶律延禧乾统年间铸造。

"乾统元宝"背左右星折三铜钱树

大辽国天祚帝耶律延禧乾统年间铸造。

"乾统元宝"光背小平铜钱树

大辽国天祚帝耶律延禧乾统年间铸造。

"天庆元宝"背上俯月小平铜钱树

大辽国天祚帝耶律延禧天庆年间铸造。

"天庆元宝"背上星小平铜钱树

大辽国天祚帝耶律延禧天庆年间铸造。

"天庆元宝"背上星折三铜钱树

大辽国天祚帝耶律延禧天庆年间铸造。

"天庆元宝"背下星小平铜钱树

大辽国天祚帝耶律延禧天庆年间铸造。

"天庆元宝"背左右月小平铜钱树

大辽国天祚帝耶律延禧天庆年间铸造。

"天庆元宝"光背小平铜钱树

大辽国天祚帝耶律延禧天庆年间铸造。

"天庆元宝"光背折三铜钱树

大辽国天祚帝耶律延禧天庆年间铸造。

"天庆元宝"合背小平铜钱树

大辽国天祚帝耶律延禧天庆年间铸造。

"保大通宝"光背小平铜钱树

大辽国天祚帝耶律延禧保大年间铸造。

"保大元宝"背上星折三铜钱树

大辽国天祚帝耶律延禧保大年间铸造。

"保大元宝"光背折三铜钱树

大辽国天祚帝耶律延禧保大年间铸造。

锡质钱树

"天赞通宝"背上月小平锡钱树

大辽国太祖皇帝耶律阿保机天赞年间铸造。

"统和元宝"光背小平锡钱树

大辽国圣宗皇帝耶律隆绪统和年间铸造。

铅质钱树

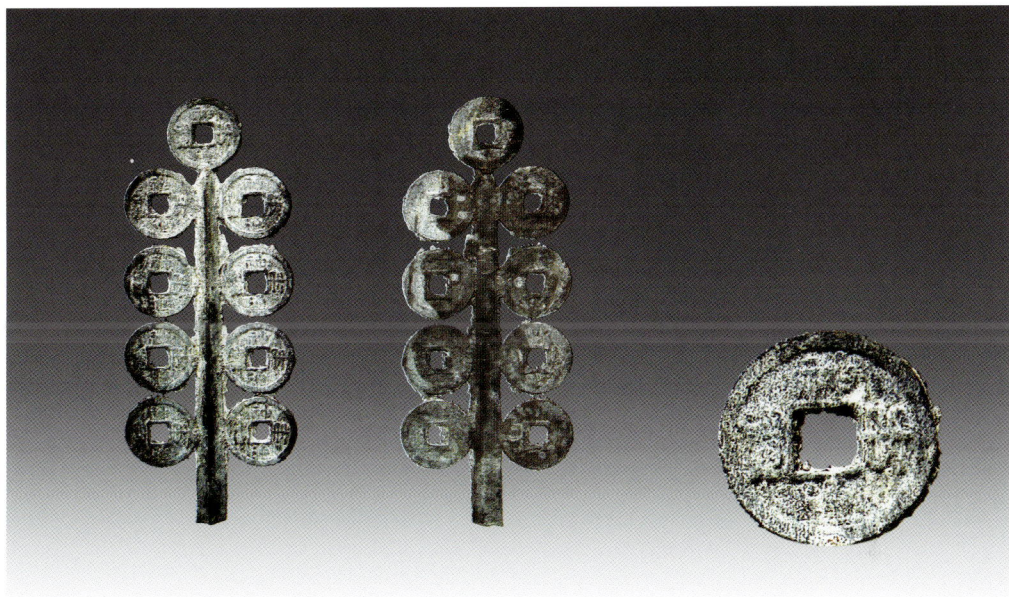

"神册通宝"光背小平铅钱树

大辽国太祖皇帝耶律阿保机神册年间铸造。

"天赞通宝"背上星小平铅钱树

大辽国太祖皇帝耶律阿保机天赞年间铸造。

"天显通宝"光背小平铅钱树

大辽国太祖皇帝耶律阿保机至太宗皇帝耶律德光天显年间铸造。

"会同通宝"光背小平铅钱树

大辽国太宗皇帝耶律德光会同年间铸造。

"咸雍通宝"光背小平铅钱树

大辽国道宗皇帝耶律洪基咸雍年间铸造。

"大康元宝"光背小平铅钱树

大辽国道宗皇帝耶律洪基大康年间铸造。

"大安元宝"光背小平铅钱树

大辽国道宗皇帝耶律洪基大安年间铸造。

"寿隆通宝"光背小平铅钱树

大辽国道宗皇帝耶律洪基寿隆年间铸造。

"寿昌元宝"光背小平铅钱树

大辽国道宗皇帝耶律洪基寿昌年间铸造。

"乾统元宝"光背小平铅钱树

大辽国天祚帝耶律延禧乾统年间铸造。

"天庆元宝"光背小平铅钱树

大辽国天祚帝耶律延禧天庆年间铸造。

后契丹时期

西辽国时期的经济发展状况

大辽保大四年（1124）秋七月，耶律大石称王，率部200骑从夹山夜逃。北行三日，过黑水，至白达达详稳床古儿管辖区。床古儿献给大石马400匹、骆驼20峰和许多羊。大石继续向西北行，到达辽国西北重镇可敦城。可敦城是辽西北路招讨司及镇州的治所，驻有诸部族骑兵2万余人，附近有西北群牧牧放的马数十万匹，并拥有丰富的军备资源。耶律大石在此得以顺利地扩充自己的军事实力。

耶律大石在可敦城召开了七州十八部首领会议，要求大家灭金复辽，得到诸部支持，征集精兵万余，并"置官吏，立排甲，具器杖"，"松漠以北旧马，皆为大石林牙所有"。至此，耶律大石的政权粗具规模，并组建了一支强劲的骑兵部队，打下了西征的基础。

金天会八年（1130），因金遣兵来伐，耶律大石于二月二十二日（甲午），以青牛白马祭天地、祖宗，整旅西征。大石遣使送信给高昌（西州）回鹘王毕勒哥，要求假道西行。大石到达，回鹘王欢迎，大宴三日。大石临行，回鹘王赠马600匹、骆驼100峰、羊3000只，并表示愿送质子为附庸。

耶律大石离开高昌回鹘北廷后，北进辖戛斯（今柯尔克孜）族地区，受阻转入叶密立（今新疆额敏县额敏河南岸）建一城。大石在叶密立得到附近操突厥语诸部族的支持，时统辖的居民已达40000余户。

金天会十年，西辽延庆元年（1132）二月五日，耶律大石在叶密立城称帝，建大（哈剌）契丹国，建元延庆，汉语尊号"天佑皇帝"，突厥语尊号"菊儿汗"（亦称葛儿汗，即"汗中之汗"），追谥祖父为嗣元皇帝，祖

"康国通宝"光背小平铜钱树

西辽国德宗皇帝耶律大石康国年间铸造。

母为宣义皇后，册立元妃萧氏为昭德皇后。史称"西辽"或"西契丹"、"后契丹"。铸"延庆元（通）宝"金银铜三材五等汉文钱。大石称帝后，向四方拓展。首先南下，将高昌回鹘收为附庸。

西辽延庆三年（1134）初，应东黑汗王朝汗伊卜拉欣之请，西进七河流域都城八剌沙衮，以助其抵御葛逻禄和康里的侵扰。耶律大石将伊卜拉欣降封为伊利克一伊·土库曼（土库曼王），将喀什噶尔与和阗一带留给东黑汗王朝，并使之成为自己的附庸国，而把八剌沙衮地区据为己有。八剌沙衮位于楚河谷地，左右环山，平地广袤，气候适宜，土地肥沃，水源充沛，农桑发达，瓜果繁多，盛产葡萄美酒。耶律大石得此"善地"，即奠都于此，并改名为虎思斡耳朵，改年号延庆三年为康国元年（1134），铸"康国元（通）宝"汉文金、银、铜三材五等钱。是年三月，西辽皇帝耶律大石为实现"以光中兴"，恢复辽朝大业的夙愿，以六院司大王萧斡里剌为兵马都元帅，率

领七万骑兵东征，东行万里无所得，牛马大多死亡，不得不勒兵西还。耶律大石叹云："皇天弗顺，数也。"

西辽康国四年（1137），耶律大石继续西征，进入中亚费尔干纳盆地。同年五六月间，大败西黑汗王朝军于苦盏。西黑汗王朝是塞尔柱突厥的附庸。塞尔柱王朝苏丹桑贾尔为了保护西黑汗王朝，于西辽康国八年七月，亲率五国联军十万人，北渡阿姆河犯西辽。耶律大石带领契丹、突厥、汉人组成的西辽部队进军撒马尔罕。西辽康国八年（1141）九月九日，两军在撒马尔罕北面的卡特万草原相遇。耶律大石对将士们说："彼军虽多而无谋，攻之则首尾不救，我师必胜。"即遣六院司大王萧斡里剌等率2500名骑兵攻其右翼，枢密副使萧剌阿不等率2500骑攻其左翼，自将众军从中突击，三军俱进。桑贾尔的联军大败，横尸数十里。桑贾尔的妻子和左右两翼指挥官均被俘，桑贾尔仅以身免。

卡特万会战是中亚历史上一次著名的战

役，它使塞尔柱突厥的势力从此退出了阿姆河以北地区，并使西黑汗王朝成为西辽的附庸，耶律大石封原国王之弟为桃花石汗（中国汗），继续统治西黑汗王朝，而留一名沙黑纳监督其国。接着，大石又出兵花剌子模，迫使该国归附，并每年纳贡三万金第纳尔。大石将西黑汗王朝的都城寻思干（撒马尔罕）改名河中府，驻军90日。又西至起儿漫，班师虎思斡耳朵。

西辽康国十年（1143），大哈剌契丹国天佑皇帝耶律大石病逝，享年39岁，在位20年，庙号德宗。耶律大石在中国北部契丹族政权大辽朝灭亡之际，毅然挥师西进，重建西辽于中国西部新疆及其以西的中亚广大地区，使大辽国汉、渤海和契丹等多民族组成的灿烂的中国北方文化，以及其先进的政治、经济制度发扬于中国西部和中西亚，厥功至伟。元代名臣耶律楚材称赞大石："颇尚文教，西域人至今思之。"

耶律大石因子耶律夷列年幼，遗命皇后监国。皇后名萧塔不烟，尊号感天皇后，称制。铸"感天元（通）宝"汉文金银铜三材五等钱。小平钱中见有一种"升读"感天钱，为试铸品，较旋读钱更为珍稀。

1144年，西辽改元咸清，铸"咸清元（通）宝"汉文金银铜三材五等钱。感天皇后统治时期，吏治清明，内外安定，下属各国经济发展日趋繁荣，国力、军力都有大幅度的提高。

西辽咸清三年（1146），金朝派武义将军粘割韩奴出使西辽，抵达虎思斡耳朵郊外，途遇出猎的感天皇后。韩奴自称上国使者，奉天子之命前来招降西辽，拒绝下马跪见，并辱骂感天皇后为"反贼"。皇后大怒，杀之。感天皇后不畏强权，敢于斩杀大国使臣，金国亦无可奈何，可见当时西辽国势强盛、实力雄厚。感天皇后在位七年后，于1150年还政给儿子耶律夷列，定于明年改元绍兴。

西辽绍兴元年（1151），铸行"绍兴元（通）宝"汉文金银铜三材五等钱。初年"籍

"咸清通宝"九钱枝型光背小平铜钱树

西辽国感天皇后萧塔不烟咸清年间铸造。

民十八岁以上，得八万四千五百户"。

西辽绍兴十三年（1163），耶律夷列病逝，在位十三年，庙号仁宗。因子幼，遗诏由妹普速完称制监国。

西辽崇福元年（1164），耶律普速完尊号承天皇太后，称制，改元崇福，铸行"崇福元（通）宝"汉文金银铜三材五等钱。承天太后为了消除河中地区的隐患，命西黑汗王朝恰克雷汗将葛逻禄人迁往喀什噶尔，并禁止携带武器。当葛逻禄人联合起来进行反抗时，中了西黑汗朝的暗算，遭到毁灭性打击。从此，河中地区的葛逻禄势力大为衰落，而西辽的影响和控制力进一步上升。

西辽皇德元年（1168），改元皇德，铸行"皇德元（通）宝"汉文金银铜三材五等钱。西辽在阿姆河打败花剌子模军。此后，投奔西辽的花剌子模王之兄特克什回国谋取王位。

西辽重德元年（1170），改元重德，铸行"重德元（通）宝"汉文金银铜三材五等钱。重德三年（1172）十二月十一日，特克什即花剌子模王位，西辽从而加强了对花剌子模国的控制。

西辽重德八年（1177），普速完与夫弟萧朴古只沙里私通，出己夫驸马萧朵鲁不为东平王，后又罗织罪名杀之。驸马之父萧斡里以重兵围宫廷，用箭射死承天太后普速完和朴古只沙里。承天皇太后耶律普速完称制在位十四年，改元三次。在萧斡里的拥戴下，仁宗耶律夷列的次子直鲁古继位，改元天禧，尊号文颢皇帝。

西辽天禧元年（1178），铸行"天禧元（通）宝"汉文金银铜三材五等钱。直鲁古即位后，频繁用兵，国势日衰。

西辽天禧二十一年（1198），西辽进军呼儿珊，与古尔王国及当地一些地方军队激战，结果惨败，死亡12000人。

西辽天禧二十七年（1204），西辽终于在安德胡伊击败古尔国王，但为此付出了极大的代价，并为花剌子模在呼儿珊的发展扫清了障碍，得不偿失。

西辽天禧三十二年（1209），高昌回鹘国王由于不堪忍受西辽派驻的少监的欺压、掠夺和凌辱，起而杀少监，归附蒙古成吉思汗。于是西辽失去了东部附庸国。

西辽天禧三十三年（1210），花剌子模国王摩诃末率大军东进，在塔拉斯河谷击溃西辽军，俘其统帅塔阳古，西辽又丧失了西部的河中地区。

西辽天禧三十四年（1211）秋，西辽末主直鲁古出猎，驸马、流亡在西辽的乃蛮王子屈出律率兵8000人将直鲁古擒获，西辽实亡。屈出律篡夺西辽帝位后，尊直鲁古为太皇，皇后为皇太后。屈出律尊号悯文皇帝，未改元，铸行钱币不明。

西辽天禧三十六年（1213），文颢帝直鲁古忧愤而死，在位34年。

西辽天禧四十一年（1218），悯文帝为蒙古军队击杀，西辽彻底灭亡。

自耶律大石1124年称王、1132年称帝至西辽1218年彻底灭亡，前后94年，立国88年，西辽使卓越的中国北方多民族文化远播中亚，为中国古代史写下了光辉的一页。

西辽是辽朝的延续，本应和北宋、南宋组成宋史一样，与辽朝合并作为契丹帝国史的重要部分记入史册，可是因为汉人不甚了解远在西域中亚地区的西辽的情况，加之对契丹族的缺乏了解和偏见，使本应一并写入契丹帝国史的西辽史成为游离于二十五史之外的游子，这不能不说是契丹民族史的一大遗憾。殷切期盼历史学家能早日把西辽游子送回契丹帝国历史的架构中，写出完整准确的契丹帝国史。

西辽在铸造汉文钱的同时，亦铸造了一定数量的契丹文钱和阿拉伯文钱，但由于西辽地域目前大部分都处在异国他乡，无法了

"天禧元宝"光背小平铜钱树

西辽国文颡帝耶律直鲁古天禧年间铸造。

解、研究它们的种类、版别、文字的具体情况。这些钱币的状况，只能等待和中亚国家合作研究解决。

西辽国年号钱

自耶律大石自保大四年（1124）率部西迁，于起儿漫称帝、建元延庆，至末帝婿屈出律1218年被蒙古军擒杀的94里，共建年号八个。西辽皇帝（含称制者）铸造年号钱情况如下（见表四）：

西辽国非年号钱

在耶律大石1124年称王，1132年称帝，1211年政权被乃蛮王屈出律篡夺，1218年西辽被蒙古大军所灭的八十八年里，铸造的国家级非年号钱只有一种，其他品种尚未有可以确定的。其可确定的一种非年号钱如下：

汉文"感天元宝"钱：后号钱。耶律大石死后感天皇后萧塔不烟按遗诏称制所铸。传世见小平、折三、折五金、银、铜三种钱。钱文有升读作"天感"者和旋读作"感天"者，升读者极罕见，为初铸品，旋读者较罕见，都非常珍贵。

西北辽国时期的经济发展状况

金正隆五年（1160），海陵王征诸道兵伐宋，使牌印燥合、杨葛尽征西北路契丹丁壮。契丹人不愿，使者强令督起西北路兵。契丹闻男丁当尽起，于是招讨使译史撒八、孛特补与部众杀招讨使完颜沃测及燥合，取招讨司贮甲三千，遂反。山后四群牧、山前诸群牧皆应之。五院司部人老和尚那也亦杀节度使术甲兀者以应撒八。

金正隆六年（1161）五月庚辰，金帝遣右卫将军萧秃剌等讨撒八。秃剌与撒八相持数日，战皆无功，而粮草不继，秃剌退至临潢。撒八自度金军必相继而至，势不可支，谋归于大石，乃率众沿龙驹河西出。六月癸卯，金帝命枢密使仆散师恭、西京留守萧怀忠将兵一万讨契丹诸部。及仆散师恭、萧怀忠等与秃剌合

表四

德宗	耶律大石	延庆 (10)	甲辰(二)	1124	延庆元(通)宝、康国元(通)宝
		康国 (10)	甲午	1134	
感天皇后	萧塔不烟	咸清(7)	甲子	1144	咸清元(通)宝、感天元(通)宝 (尚未发现)
仁宗	耶律夷列	绍兴 (13)	辛未	1151	绍兴元(通)宝
承天太后	耶律普速完	崇福(5)	甲申	1164	崇福元(通)宝、皇德元)通)宝、重德元(通)宝
		皇德(2)	戊子	1168	
		重德(8)	庚寅	1170	
文颢帝	耶律直鲁古	天禧 (34)	戊戌	1178	天禧元(通)宝
悯文帝	屈出律	(6)	辛未	1211	天禧元(通)宝

兵追至河上，已追赶不及，无功而返。撒八西行，而旧居山前者皆不欲往，六院节度使移剌窝斡、兵官陈家杀撒八等。至是，窝斡自为都元帅，陈家为都监，拥众东还，至临潢府东南新罗寨。七月己丑，金帝杀亡辽耶律氏、宋赵氏子男凡百三十人。八月癸卯，金帝杀萧秃剌、仆散师恭、萧怀忠等人。九月庚寅，大名府王九反，众至数万。十月丙午，东京留守完颜雍即位于辽阳，改元大定，铸"大定元宝、通宝、重宝"金银铜三材五等钱。十二月，窝斡引兵攻临潢府，总管移室懑出城战，兵少被执，临潢遂被窝斡攻占，义军众至五万。乙亥，移剌窝斡称帝于临潢，复国号大辽，建元天正，铸行"天正元（通）宝"金银铜三材五等钱。

金正隆七年（1162）四月，移剌窝斡攻

"天正通宝"金、银钱

西北辽国天正帝耶律窝斡天正年间铸造。

泰州不克，转趋济州，被金完颜谋衍等在长淀击败。五月，移剌窝斡西进，破灵山（今辽宁法库北）、同昌（今阜新西北）、惠和（今内蒙古宁城东北）。金北京大定府震动。六月，金仆散忠义遇移剌窝斡于花道（今内蒙古赤峰东南），进军大破之。八月，移剌窝斡攻扰金古北口（今北京市密云东北）。九月，金完颜思敬、仆散忠义、纥石烈志宁等追击窝斡。窝斡谋西走夏国，金收买了窝斡部下稍合住。庚子，叛徒稍合住与神独斡绑架移剌窝斡和其母及子侄献给金完颜思敬。辛亥，移剌窝斡和其母及子侄全部遇难于金京师。

金承安元年（1196）十月，契丹西北群牧首领德寿、陁锁等据信州叛，耶律德寿称帝，复大辽国号，建元身圣，号众数十万，远近震骇。铸行"身圣元（通）宝"金银铜三材钱。十一月，金遣临潢总管乌古论道远、咸平总管蒲察守纯分道进讨，契丹军败，德寿、陁锁等被俘遇害。

西北辽国年号钱

在自契丹西北群牧义军都元帅移剌窝斡于金正隆六年（1161）十二月乙亥围临潢府称帝，改元天正，至大定二年九月庚子移剌窝斡被叛徒稍合住、神独斡擒拿枭首于京师，直至大定四年（1164）五月移剌窝斡的继承人移剌蒲速越被杀的总共近五年时间里，仅建年号一个。此阶段被称为"前西北辽"。

自契丹西北群牧二次大起义军首领德寿、陁锁于金承安元年（1196）十月据信州复辽国，建元身圣，至十一月金左丞相完颜襄遣临潢总管乌古论道远、咸平总管蒲察守纯分道进讨，将德寿等擒获送往京师的一个月里，

建年号一个。此阶段被称为"后西北辽"。（见表五）

东辽、后辽时期的经济发展状况

金大安三年（1211），辽皇室亲王、金北边千户耶律留哥因金实行"辽民一户，以二女真户夹居防之"政策，怒而反之，遁至隆安、韩州等地与耶律耶的合势募兵，数月众至十余万，推留哥为都元帅，耶的副之，营帐百里，威震辽东。

金崇庆元年（1212），蒙古成吉思汗命按陈那衍、浑都古率军至辽，与耶律留哥相遇，留哥与按陈结盟，归顺蒙古，共同反金。金帝得知留哥降蒙后，派胡沙帅军六十万，号百万，来攻留哥，声言有得留哥骨一两者，赏金一两，肉一两者，赏银亦如之，仍世袭千户。留哥料不能敌，遂向蒙古求援，成吉思汗派按陈率1000骑兵援助留哥，与金军对阵于迪吉脑儿。留哥以侄安奴为先锋，横冲胡沙军，大败之，并将所得辎重献给成吉思汗。成吉思汗召按陈班师，而以留哥屯驻其地。

金崇庆二年，东辽天统元年（1213）三月，部众推留哥为王，立其妻姚里氏为妃，并封其属耶律厮不为郡王，其他人为丞相、元帅、尚书等，复国号辽，都广宁，改元天统，铸行"天统元（通）宝"金银铜三种材料五等钱。

金贞祐二年，东辽天统二年（1214），金廷遣青狗以重禄诱使留哥投降，留哥不从。金宣宗又遣辽东宣抚使蒲鲜万奴率军40余万来攻留哥，被留哥击败。于是，留哥尽有辽东州郡，遂都咸平（今辽宁开原），号为中京。金廷又派左副元帅移剌都率10万兵来攻，再次被

表五

天正帝	耶律窝斡	天正(1)	乙亥	1161	天正元（通）宝
			辛亥	1162	
身圣帝	耶律德寿	身圣(1)	庚午	1196	身圣元（通）宝
			丙午	1196	

"天统通宝"光背铜钱

东辽王耶律留哥天统年间铸造。

留哥击败。

金贞祐三年，东辽天统三年（1215），留哥攻破东京，耶律厮不等人劝留哥称帝。留哥则以当年曾与按陈结盟愿附蒙古不肯食言为由，拒绝称帝，暗地与儿子携金币90车、金银牌500面，至按坦孛罕晋见成吉思汗。成吉思汗仍封留哥为辽王。

金贞祐四年，东辽天统四年，后辽天威元年、天佑元年、天德元年（1216），耶律厮不等人叛蒙自立，耶律厮不被推为帝，改国号大辽，以澄州为都，建元天威，铸行"天威元（通）宝"金银铜三材五等钱。方阅月，元帅青狗叛归于金，耶律厮不为部下所杀。众推其丞相乞奴监国，改元天佑，铸行"天佑元（通）宝"金银铜三材五等钱。乞奴与元帅鸦儿分兵民为左右翼，屯开、保州关。金盖州守将众家奴引兵攻败之。留哥引蒙古军数千适至，得兄独剌并妻姚里氏，户二千。鸦儿引败军东走，留哥追击之，还渡辽河，招抚懿州、广宁，徙居临满府。乞奴走高丽，为金山所杀，金山又自称辽国王，改元天德，铸行"天

德元（通）宝"金银铜三材五等钱。

金贞祐五年，东辽天统五年，后辽天德二年（1217），统古与复杀金山而自立。喊舍又杀统古与，亦自立。其二人所铸年号钱，钱名失载，实物待考。

金兴定二年，东辽天统六年，后辽天德三年（1218），留哥引蒙古、契丹军及东夏国元帅胡土兵十万，围喊舍。高丽助兵四十万，克之，喊舍自经死。徙其民于西楼。

金兴定三年，东辽天统七年，后辽天德四年（1219），自留哥北觐，辽东反复，耶律厮不僭号七十余日，金山二年，统古与、喊舍亦近二年，至本年春，留哥始定之。

金兴定四年，东辽天统八年（1220），辽王耶律留哥病死，其妻姚里氏权领其国。

金正大四年，东辽天统十五年（1226），留哥子耶律薛阇袭辽王职。

蒙古窝阔台汗十年，东辽天统二十七年（1238），耶律薛阇传位于子耶律收国奴。

蒙古蒙哥汗九年，东辽天统四十八年（1259），耶律收国奴传位于子耶律古乃。

蒙古至元六年，东辽天统五十八年（1269），去王号，改留哥子孙世袭地方管理官。

西北辽、东辽、后辽均系契丹人建立的地方或起义政权，除东辽外，存在时间都很短暂。然而，哪怕政权仅存在一个月，它也要铸钱，而且大多是和大辽一样，铸金银铜三材五等钱。事实证明，契丹人把铸钱看做政权的宣言书、出生证，把铸钱看作政权成立的第一要事，这应是契丹钱币与汉族钱币的区别之一。

西北辽、东辽、后辽由于存在时间和所处地域关系，可能都没有铸造契丹文钱。

东辽国年号钱

在自金崇庆二年（1213）三月，原契丹亲王、金北边千户耶律留哥被契丹义军推为辽王，重建辽国，建元天统，至蒙古蒙哥汗九年（1259）留哥重孙耶律古乃除世袭辽王称号的46年里，只建年号一个。辽王耶律留哥及其子孙铸造年号钱情况如下（见表六）：

后辽国年号钱

在自金贞祐四年（1216）耶律留哥的部下契丹宗室族人乞奴、金山、青狗、统古与等叛耶律留哥，推耶律厮不僭帝号于澄州，建国号辽，改元天威，至金兴定三年（1219）春，耶律留哥集蒙古、契丹、东夏、高丽联军败辽军于高丽，末帝耶律喊舍自经死的近四年里，五个皇帝（含一个监国），已知建年号三个。后辽诸皇帝铸造年号钱情况如下（见表七）：

后西辽国年号钱

西辽丞相、皈依伊斯兰教的八刺黑·哈只卜（一译勃劳格·郝贾布·本·廊尔杜兹或步拉克—哈集布，或巴拉克—哈吉布）于1222年（后理天开十八年，宋嘉定十五年，夏光定十二年，金兴定六年，蒙古成吉思汗十七年，东夏天泰八年）在直鲁古、屈出律的西辽被蒙军灭亡后，率一部分西辽臣民逃亡到伊朗起尔曼（克尔曼）地区建立了完全伊斯兰化的"库图鲁厄汗"政权——起儿漫（克尔曼）王朝，史称后西辽、西契丹（1222—1308），历八帝二后，存在86年，最后被蒙古人的伊儿汗灭亡。其间仍坚持契丹铸币惯例，八帝二后都曾登基改元即铸新钱，但均未见汉文年号，钱币都为阿拉伯文王号打制币。近年在中亚各地陆续有出土，但因少有专家研究，至今没有分期断代著作问世，此间只能将后西辽八帝二后世系简介如下，供有志于后西辽钱币研究的仁人志士参考。（见表八）

表六

辽王	耶律留哥	天统(4)	癸酉(三)	1213	天统元(通)宝
		(4)	丙子	1216	
王妃	姚里氏	(7)	庚辰	1220	天统元(通)宝
辽王	耶律薛阇	(12)	丙戌	1226	天统元(通)宝
辽王	耶律收国奴	(21)	戊戌	1238	天统元(通)宝
辽王	耶律古乃	(10)	己未	1259	天统元(通)宝

表七

天威帝	耶律厮不	天威(1)	丙子	1216	天威元（通）宝
监国	耶律乞奴	天佑(1)	丙子	1216	天佑元（通）宝
天德帝	耶律金山	天德(1)	丙子	1216	天德元（通）宝
辽帝	耶律统古与	(1)	丁丑	1217	年号失载，年号钱无
末帝	耶律喊舍	(2)	戊寅	1218	法确认

表八

巴拉克-哈吉布Baraq Hajib	1222—1235
忽特巴—丁—世—穆罕默德Qutb ad-Din I Mohammed...	1235—1236
鲁赫—阿丁—和卓—哈克Rukh ad-Din Hoja al-Hakk	1236—1252
穆罕默德（复位）Qutb ad-Din I Mohammed （restored）	1252—1257
穆扎法—阿斯丁—世—沙吉—嘉吉Muzzafar as-Din I Shaj Jaj	1257—?
图儿坎—哈敦（女）Turkan Hatun （fem.）	? —1282
贾拉尔—阿丁—阿布勒—穆扎法耳Djalal ad-Din Abu'l-Muzzafar	1282—1292
萨法特—阿丁—葩迪莎—哈敦（女）Safvat ad-Din Padishah Hatun （fem.）	1292—1295
玉鲁克—沙Yuluq Shah	1295
穆扎法耳—阿丁二世—穆罕默德—沙Muzzafar ad-Din II Mohammed Shah	1295—1301
忽特巴丁二世—沙Qutb ad-Din II Shah	1301—1308

附：后契丹时期钱树赏析

铜质钱树

"延庆通宝"背上星下仰月折三铜钱树

西辽国德宗皇帝耶律大石延庆年间铸造。

"延庆通宝"光背折三铜钱树

西辽国德宗皇帝耶律大石延庆年间铸造。

"延庆元宝"光背小平铜钱树

西辽国德宗皇帝耶律大石延庆年间铸造。

"延庆元宝"光背小平异书铜钱树

西辽国德宗皇帝耶律大石延庆年间铸造。

"咸清通宝"双五枝型光背小平铜钱树

西辽国感天皇后萧塔不烟咸清年间铸造。

"崇福元宝"光背小平铜钱树

西辽国承天太后耶律普速完崇福年间铸造。

"天威通宝"光背小平铜钱树

后辽国天威帝耶律厮不天威年间铸造。

"天德通宝"光背小平铜钱树

后辽国天德帝耶律金山天德年间铸造。

锡质钱树

"绍兴元宝"光背小平锡钱树

西辽国仁宗皇帝耶律夷列绍兴年间铸造。

"天佑通宝"背上横杠小平锡钱树

后辽国监国耶律乞奴天佑年间铸造。

契丹帝国时期地方政权

东丹国年号钱

自契丹太祖天显元年（926）二月丙午改渤海国为东丹，忽汗城为天福，册皇太子耶律倍为人皇王以主之，乃赐天子冠服，建元甘露，称制。至辽圣宗"统和十六年（998）丙午以监门卫上将军耶律喜罗为中台省左相"止，东丹国存在72年，其间只建甘露一个年号。东丹国主（含称制者）铸造年号钱情况如下（见表九）：

东丹国非年号钱

作为契丹帝国的国中国，东丹经历耶律倍掌控，王妃和永康王管理，安瑞和娄国管理三个时期。第一个时期，天显元年至四年（926—929）：耶律倍真正行使着国王的权力，东丹国雄厚的经济实力使他可以随时铸钱。第二个时期，天显五年十一月至大同元年七月（930—947）：东丹王妃和永康王名义上虽是东丹国主，实际上权力为太宗

表九

人皇王	耶律倍	甘露（5）	丙戌（二）	926	甘露元（通）宝
人皇王王妃	萧氏	甘露（10）	庚寅	930	甘露元（通）宝
永康王	耶律阮	甘露（7）	庚子	940	甘露元（通）宝
明王	耶律安端	甘露（4）	丁未	947	甘露元（通）宝
中山王	耶律娄国	（30）	壬亥	952	甘露元（通）宝

"助国通宝"背上星折三铜钱树

东丹国人皇王耶律倍在位时铸造非年号钱。

的亲信耶律羽之把持，二人不过是傀儡而已，自然不会铸钱。第三个时期，大同元年八月至统和十六年（947—998）：皇叔安瑞和娄国虽有实权，但因地处内地，铸币已无必要。财政已和中央政府合成一体，东丹人一律使用契丹钱。所以，东丹国铸钱都集中在耶律倍统治时期。东丹国铸非年号钱情况如下：

汉文"开丹圣宝"钱：开国纪念钱。为纪念大圣天皇帝改渤海国为东丹国而特铸纪念流通币，有小平、折五、折十等级钱，有端正楷体和朴拙体两种主要版别。有金银铜三材钱。罕见，珍贵。

汉文"助国元宝"钱：助修山陵钱。东丹国主耶律倍为父捐助修筑陵墓钱。有小平、折五、折十等级的金银铜三材钱。传世较少，珍贵。

汉文"助国通宝"钱：助修山陵钱。东丹国主耶律倍为父捐助修筑陵墓钱。仅见折五型铜钱。传世极少，珍贵。

汉文"壮国元宝"钱：庆祝登基钱。东丹国主耶律倍为弟耶律德光登基敬献壮威钱。有小平、折五、折十等级的金银铜三材钱。传世较少，罕见。

汉文"壮国通宝"钱：庆祝登基钱。东丹国主耶律倍为弟耶律德光登基敬献壮威钱。仅见折五型铜钱。传世罕见，珍。

兴辽国年号钱

自辽圣宗太平九年（1029）八月乙丑，东京舍利军详稳大延琳囚留守、驸马都尉萧孝先及南阳公主，杀户部使韩绍勋、副使王嘉、四捷军都指挥使萧颇得，僭立称帝，号其国为兴辽，建年号天庆，至第二年（1030）八月丙午，东京贼将杨详世夜开城门纳辽军，擒大延琳，渤海平。一年多时间，仅建年号一个。兴辽皇帝大延琳铸造年号钱情况如下（见表十）：

兴辽国非年号钱

渤海人起义建立的兴辽国是契丹统治时期起义政权中唯一铸造过非年号钱的政权。其铸造非年号钱情况如下：

汉文"兴辽重宝"钱：国号钱。仅见折五型铜钱一种。钱文为端正楷书。铜色褐红。传世罕见，珍贵。

大渤海国年号钱

在自辽东京裨将渤海人高永昌于辽天庆六年（1116）正月据东京自称大渤海皇帝，建元隆基，至辽天庆六年（1116）四月其被金俘虏斩杀的四个月里，建年号两个。大渤海皇帝高永昌铸造年号钱情况如下（见表十一）：

北辽国年号钱

在自耶律淳保大二年（1122）三月登基改元建福，至保大三年（1123）十一月北辽末帝耶律术烈被部众所杀的二十个月里，共建年号三个。北辽皇帝（含称制者）铸造年号钱情况如下（见表十二）：

大奚国年号钱

在自辽奚王萧干（回离保）于辽保大三年（1123）春正月丁巳据箭笴山建大奚国，称神圣皇帝，改元天阜，至辽保大三年（1123）八月被部下所杀的八个月里，建年号两个。大奚国神圣皇帝萧干（回离保）铸造年号钱情况如下（见表十三）：

表十

兴辽皇帝	大延琳	天庆	乙丑（1）	1029	天庆元（通）宝、兴辽重宝

表十一

大渤海国皇帝	高永昌	隆基（1）	丙申	1116	隆基元（通）宝、应顺元（通）宝
		应顺（1）	丙申	1116	

表十二

宣宗	耶律淳	建福（1）	壬寅（三）	1122	建福元（通）宝
萧德妃	萧普贤女	德兴（1）	壬寅（六）	1122	德兴元（通）宝
秦王	耶律定	德兴（1）	壬寅（六）	1122	德兴元（通）宝
梁王	耶律雅里	神历（1）	癸卯（五）	1123	神历元（通）宝
英宗	耶律术烈	（1）	癸卯（十）	1123	神历元（通）宝

表十三

神圣皇帝	萧干	天阜（1）	癸卯	1123	天阜元（通）宝、天嗣元（通）宝
		天嗣（1）	癸卯（八）	1123	（尚未发现）

注：《续资治通鉴》谓萧干又名和勒博（古尔班），旧作回离保，一作蔑离不。

附：契丹帝国时期地方政权钱树赏析

金质钱树

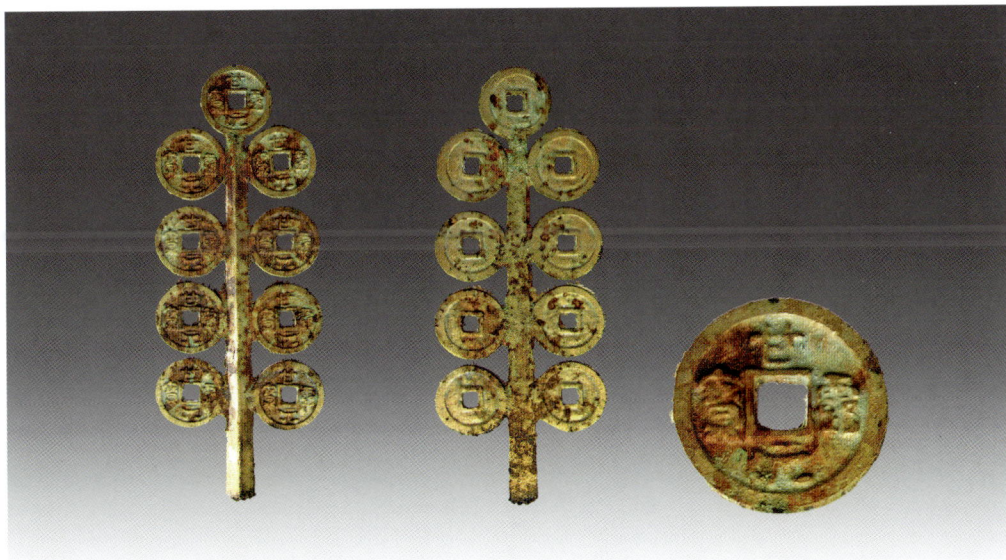

"甘露元宝"光背小平金钱树

东丹国甘露年间铸造。

"神历通宝"光背小平金钱树

北辽国梁王耶律雅里神历年间铸造。

银质钱树

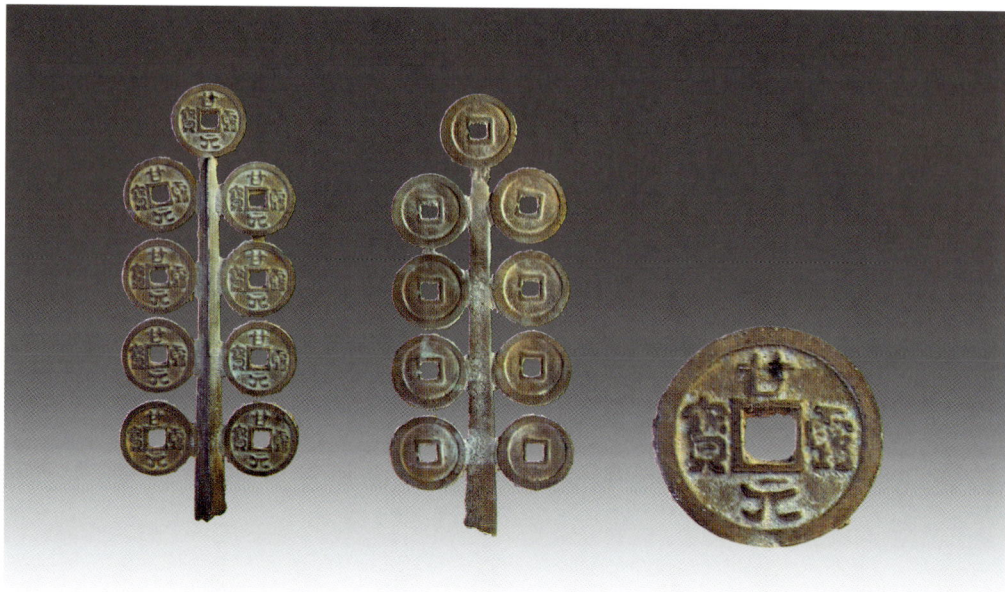

"甘露元宝"光背小平银钱树

东丹国甘露年间铸造。

"建福元宝"光背小平银钱树

北辽国宣宗耶律淳建福年间铸造。

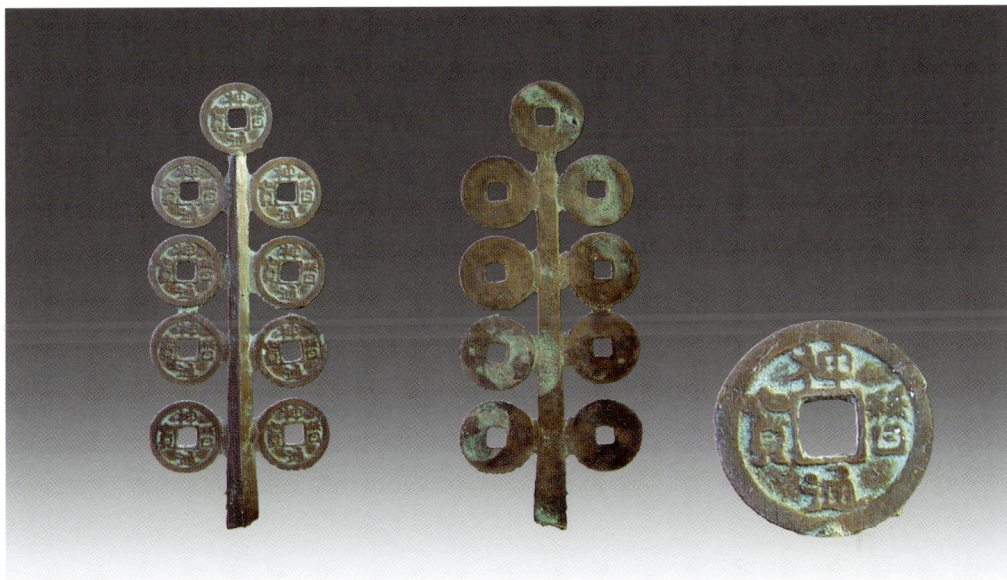

"神历通宝"光背小平银钱树

北辽国梁王耶律雅里神历年间铸造。

铜质钱树

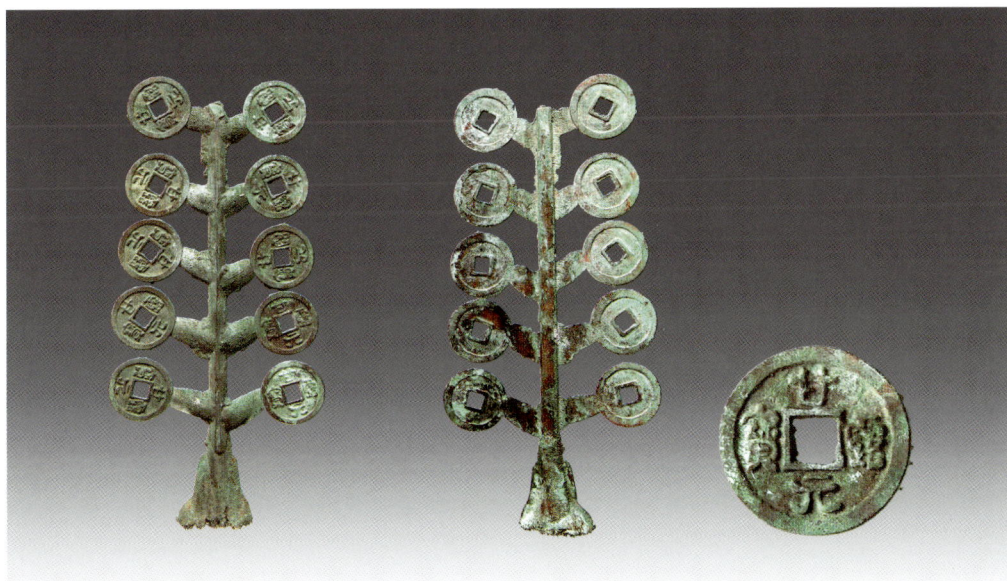

"甘露元宝"光背小平铜钱树

东丹国甘露年间铸造。

"甘露元宝"背上星小平铜钱树

东丹国甘露年间铸造。

"助国通宝"光背折三铜钱树

东丹国人皇王耶律倍在位时铸造的非年号钱。

"壮国通宝"光背折三铜钱树

东丹国人皇王耶律倍在位时铸造的非年号钱。

"壮国通宝"背上星折三铜钱树

东丹国人皇王耶律倍在位时铸造的非年号钱。

"建福元宝"背上星小平铜钱树

北辽国宣宗耶律淳建福年间铸造。

"建福元宝"光背小平铜钱树

北辽国宣宗耶律淳建福年间铸造。

"德兴通宝"光背小平铜钱树

北辽国萧德妃萧普贤女德兴年间铸造。

"神历通宝"背上星小平铜钱树

北辽国梁王耶律雅里神历年间铸造。

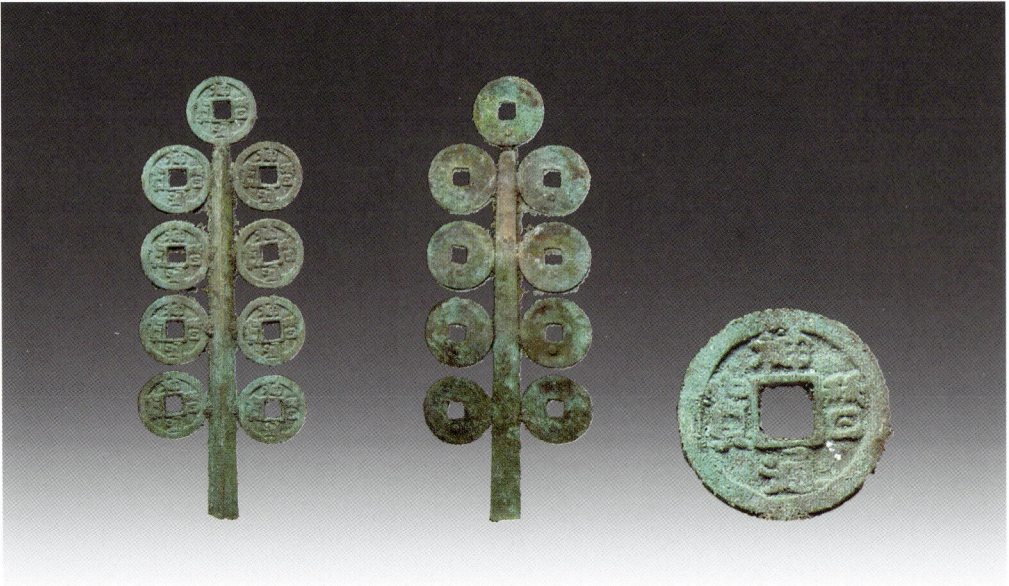

"神历通宝"背下星小平铜钱树

北辽国梁王耶律雅里神历年间铸造。

"神历通宝"背下仰月小平铜钱树

北辽国梁王耶律雅里神历年间铸造。

"神历通宝"背左右月小平铜钱树

北辽国梁王耶律雅里神历年间铸造。

"神历通宝"光背小平铜钱树

北辽国梁王耶律雅里神历年间铸造。

锡质钱树

"壮国通宝"光背小平锡钱树

东丹国人皇王耶律倍在位时铸造非年号钱。

"助国元宝"光背小平锡钱树

东丹国人皇王耶律倍在位时铸造非年号钱。

契丹钱树的鉴定

契丹独特的经济环境和二元的国家体制，决定了铜钱在契丹货币经济中只能担任辅币角色，而这种辅助本位货币的地位，又决定了契丹铜钱数量稀少、质量不高及其神秘的命运。这就是收藏家钟爱的契丹钱的特征及由历史重压和社会挤压而形成的独一无二的制作风格。

面对着散发着泥土清香的二百余株契丹钱树，脑子里一片空白，说不清是喜悦还是激动。多年来一直探索着的契丹钱币铸造之谜，一下子得到了真实确切的解释，让我简直不敢相信这是事实。揉擦着眼睛，把面前所有的金银铜钱树都认真仔细地看了又看，当确认这些钱树真实无误时，心里不由得升起对契丹民族由衷的崇敬之情。

契丹铸钱工艺特色

母钱翻砂法的引入

契丹是看着唐朝从建立到覆亡的民族，整个唐朝也是契丹族从小到大、由弱变强的时期。唐王朝的兴衰荣辱，契丹人看在眼里，记在心头；唐王朝的灿烂文化，契丹人亦步亦趋，虚心学习。

就钱币来说，契丹人的铸钱工艺即来自唐王朝的言传身授。

中国古代钱币制作以铸造成形为唯一手段，这在世界上是独一无二的。大体来说，中国钱币铸造工艺经历了四个发展阶段：春秋战国时期，多种铸币工艺并存；秦汉以铜、泥合范和铜范铸造为主，兼用泥范；从新莽到南北朝，盛行叠铸；唐以后，没有再出现叠铸钱范及其模具，表明铸钱工艺发生重大变化。郑家相指出："唐朝初年已用母钱法铸币，并一直沿用到清末。"[①]他的看法是有道理的，近年来已为愈来愈多的学者所认识。唐代母钱存世的有"乾元重宝"，铸造年代为758—760年。《新唐书·食货志》载有"熔锡模钱，须臾百千"[②]，应指锡质母钱的制作。类似的工艺或可上溯到更早时期。

母钱法铸币发端于用母钱印制泥范，大约在两晋南北朝时期盛行，唐朝时已用来进行翻砂铸造，唐朝中晚期已完全成熟并大规模使用。契丹的铸钱工艺发展大约与唐同步，耶律撒剌时期铸造"通行泉货"可能已经能熟练运用母钱翻砂法了。

本书收录的钱树中有小平型契丹文"天朝万岁"钱树一株。契丹文"天朝万岁"钱已被泉界认定为耶律阿保机907年建立契丹帝国

"乾元重宝"白铜母钱

唐肃宗乾元元年（758）七月，御史中丞奏请铸行"乾元重宝"。所谓"母钱"，就是古时翻铸大量钱币时中央和地方财政部门所制作的标准样板钱。

时的开国纪念流通币。小平型契丹文"天朝万岁"钱树的发现，证明契丹在建国前就已经掌握母钱翻砂法铸钱工艺了。下面就以金银铜钱树实物来印证契丹钱币的铸造工艺和工艺流程，亲身感受一下契丹铸钱的工艺特征。

翻砂铸钱工艺流程

清王昶撰《金石萃编》卷十四"北宋韶州新置永通监"条称："模沙、冶金、分作有八，刀错、水莹，离局为二。"[③]该监建于庆历八年（1048年）。又《宋会要辑稿·刑法》有永丰监"……翻铸御笔大观通宝小平钱，字精细，系背赤仄"的记载[④]，时在大观元年（1107年）。永丰监建于至道二年（公元996年）。"翻铸"、"模沙"都指用砂型铸钱。

①郑家相《历代铜质货币冶铸法简说》，《文物》1959年第4期
②宋欧阳修等《新唐书》卷四十七《志》三十七《食货志》三 中华书局 1974版
③清王述庵撰《金石萃编》，台北国风出版社1964年第7版
④清徐松辑《宋会要辑稿·刑法》，民国二十五年（1936）上海大东书局印刷所影印本

由此可知，北宋初已采用钱模（母钱）翻制砂质铸型。比北宋早建帝国六十余年的契丹铸钱工序应与此类似，即铸钱工艺也大约分为制模、模沙、冶金、分作等流程。

制模

即制翻砂腔模印钱模。与古代的范铸法工艺相比较，翻砂造型工艺显得简单易行。砂型铸造工艺对模具的要求也比较简单。从本书收录的小平钱树钱币排列整齐、深浅一致、主分流道亦标准相同的情况推测，契丹小平钱树应为用整体钱树母模夯制型腔，然后加挖水口，完成砂型。这种工艺应是契丹人根据自己的实际情况而发明的。这种工艺技术加快了铸造速度，提高了产品质量，使操作工艺更加简单可靠。

整体钱树母模的制作，根据钱树实物分析大约为：第一，用牙、玉、木、金、银、铜材刻制进呈待审钱样。第二，根据批准钱样用木材雕出整体祖模，模具上除雕有规定数量的祖钱外，主分流同时一并雕成。第三，用祖模翻铸出一定数量的铅锡铸模，修整后用于大规模翻砂铸钱。

模沙

即制作翻砂砂型。砂型必须在砂箱中夯制。砂箱，古代称为"匣"，"匣"内即铸型，明陆容《菽园杂记》卷十四记铸造铜锭："铺细砂，以木印雕字，作处州某处铜，印于砂土，旋以砂壅印，刺铜汁入砂匣，即是铜砖。"[5]所以，"匣遂明于模印"这一句说的是钱币的造型工艺，即以母钱为模，制作砂质的铸型。契丹铸钱砂箱的规格怎样呢？这批小平型钱树提供了真实可靠的数据。这批钱树枝型分为三种形状：一种为顶端一枚钱，主浇道两边各三枚钱，全树共七枚钱。此种钱树仅见金质一类，银铜钱树未见此树型。一种为顶端一枚钱，浇道两边各四枚钱，全树共九枚钱。

此种钱树仅见银钱和少数时期铜钱。一种为主浇道左右各分出五条分浇道，每条分浇道顶端各五枚钱，全树共十枚钱。此种钱型只见铜钱，不见金、银钱。

钱树带"水口"一般高170毫米上下，钱树带分浇道者最宽处为90毫米左右，不带分浇道者最宽处为54－57毫米，钱厚1.55毫米，上下分浇道最厚处为3.55毫米左右，最薄处为2.75毫米左右。主浇道呈三角形，底宽6.73毫米左右，峰高5.20毫米上下，水口呈等腰椎形，高40毫米上下，最细处为5.68毫米左右，底宽44.75毫米上下，底高25.71毫米左右，左右坡斜长为30毫米上下，前坡斜长为35毫米左右，后坡斜长为30毫米上下。

从现在拥有的钱树实物数据可推测契丹铸钱砂箱应有两种：一种长370毫米左右，宽290毫米左右，厚50毫米。一种长370毫米，宽260毫米，厚50毫米。前者铸铜小平钱，后者铸金银铜同模三铸钱。其铸钱工艺亦应与明宋应星《天工开物·钱》中"凡铸钱，模以木四条为空匡，木长一尺二寸，阔一寸二分。土炭末筛令极细，填实匡中，……又用一匡，如前法填实合盖之。……"[6]的描述相同。用两个框铸钱，即使用两个木框用模具造好型腔后合起来，其工艺技术等同于现代的翻砂造型工艺。翻砂造型用的是颗粒很细的型砂，而两型之间要用灰作为分型剂，俗称界砂。灰与砂，是指砂型铸造工艺中的耐火材料与分型剂。砂型铸钱与范铸法铸钱最根本的区别就在于，范铸法工艺必须将泥范焙烧成为陶范后才能浇铸，而砂型铸造则是湿型浇铸，夯好的正、反两片砂型合起来后就可立即浇铸。

多组正、反两片合起的砂型是否采取叠铸或连铸，目前虽无出土材料证明，但从同一一号钱树形制、规格、文字诸方面都无任何差别

---

⑤明陆容《菽园杂记》卷十四，中华书局2007年8月版
⑥明宋应星《天工开物》（白话全译彩图本），南海出版公司2007年第10版

推测，当时一个铸模应同时制作多个砂型，这些砂型有可能采取叠铸或连铸方式浇铸。

冶金

即熔化欲浇注的金属液体。《天工开物·冶铸篇》有描述古代铸钱冶金的详细记载："凡铸钱熔铜之罐，以绝细土末（打碎干土砖妙）和炭末为之。罐料十两，土居七而炭居三，以炭灰性暖，佐土使易化物也。罐长八寸，口径二寸五分。一罐约载铜、铅十斤，铜先入化，然后投铅，洪炉扇合，倾入模内。"[7]契丹人习惯用同模砂型浇注金银铜不同金属铸币，这应是契丹铸币与中原国家铸币工艺不同之处。契丹铜钱中很少有与中原三元合金比例相同的合金，一般说契丹铜钱合金不纯，含铜量高，含锰、铁、锌等杂质金属较多。契丹铜钱中有少量贵重的瑜石钱，系用炉甘石加铜冶炼。因契丹铜液铜高杂质多，流动性不好，致使铸钱文字常有漏铸现象。

分作

即分开砂箱，取出钱树转到钱币加工程序，打碎砂型，磨细旧砂，经过筛选，再掺新砂重新制作砂型。

成钱加工技术

契丹钱币铸造出来后，也和中原国家铸钱一样要对铸出的钱进行进一步加工，其加工流程和技术亦可与中原诸国相媲美。

锯锉

把钱从钱树上锯落下来，其钱坯上尚留有水口的断茬及合范的范缝毛刺，需要铸后加工。明宋应星《天工开物·钱》中有一幅锉钱图，图中画的是铸出后的圆形方孔钱坯被穿在一根方形木棍上，由工匠挫外圆。下面有文字说明："凡钱先锉边沿，以竹木条直贯数百文受锉，后锉平面，则逐一

为之。"[8]从此图中不难想象，每一枚钱都有一个方孔，将方孔都穿在一根方木棍上以后，等于将这一串钱固定了中心，然后磨削外圆。这样磨削下来，虽然谈不上达到今天的机械设备车削加工的精度，但却完全符合机械加工的同心原理。因加工后的钱与钱之间并不存在公差配合，只是要求铸出的钱坯经加工后能达到外径相对一致便可。因此，《天工开物》中记录的修钱的工具是简便易行的操作工具。契丹锯锉工序应与此相同，这从钱的外圆明显的加工痕迹可见一斑。因为用方棍穿钱早在汉代就已有记载。

水莹

即水洗抛光。辽宋时期人们已学会用风车和水轮来磋磨和淘洗坯钱，铸钱业已广泛使用风力机械和水力机械来代替最繁重的坯钱清整的人工操作。清整后用粗疏的织物和糠屑来擦拭和研磨坯钱，使之光洁圆润，也就是现今所说的抛光。契丹钱币的外观不次于任何中原王朝钱，必定也有这道水洗抛光工序。

验收

即验质、称重、点数、入库。这是铸钱的最后工序，也是最重要的一道工序。"肉好周郭，坚泽精紧，文劲银钩，色莹玉填"，是从钱币的形制、质地、文字和色泽四个方面，极言其规整、精好、遒劲和美观。达到了这种标准的成品钱就可以用缁索串结起来，经过称量、验收，交付使用或入库收藏。

从已发现的钱树实物推算，契丹铸钱工艺的效率还较低，参考唐杜佑《通典·食货九》记载天宝年间铸钱"每炉役工匠三十人，每年除六月、七月停作，余十月作十番……每炉（每年）计铸钱三千三百贯"[9]推算，契丹全国全年铸钱额（按全国仅百炉计）当在三十万贯至五十万贯间。

---

⑦明宋应星《天工开物》（白话全译彩图本），南海出版公司2007年第10版
⑧明宋应星《天工开物》（白话全译彩图本），南海出版公司2007年第10版
⑨唐杜佑《通典》，浙江古籍出版社2000年第1版

契丹铸币工艺来自唐朝，并在实践中有所发展，有所超越。只是为了使本国钱与中原国家钱有所区别，契丹族特意把形制文字制作成粗犷奇特的风格。但这仅重点反映在小平钱上，而在大钱上反映得就轻淡许多。

这里仅收集了契丹小平钱的钱树，所以本文仅谈了契丹小平钱的翻砂铸造工艺。至于契丹折二以上大钱的铸造是翻砂还是范铸，因无铸造实物出土，不好妄论，只有等待以后有新发现的资料再予讨论。

铸钱图

此图出自《天工开物》，形象再现了"翻砂法"铸钱的情景。

锉钱图

此图出自《天工开物》，是从"钱树"到"钱"的主要过程。

契丹钱币形制特征

契丹钱币的总体特征

为什么不称辽钱，而称契丹钱？因为契丹建国前后直至亡国，在契丹文文书、碑刻等真实的契丹文物中，契丹人都称自己的国家为"契丹国"、"大契丹国"、"哈喇契丹国"。"大辽国"只是对外的、一个时期的甚至只是专指汉族渤海人聚居的、契丹国南部地区的国号。辽国只是契丹国的一部分，甚至只是一个时期的一部分。因为以"辽钱"称呼全部契丹人造的钱有失偏颇，故改称"契丹钱"。这样既尊重了史实，又将建立契丹帝国前数百年和辽亡后一百余年，契丹人的所有铸币活动，都纳入了本文论述的范围，使契丹钱的内涵、外延都得到了充分关注，为本文的论述提供了全面、准确的基础及论述可能性。

契丹从进入人们视线的公元3世纪中叶，至契丹族彻底从人们视线中消失的元朝末年，在中华大地前后共存在了一千多年。原契丹族活动地区出土钱币证实，一千多年中，契丹人一直生活在货币经济中。从古八部、大贺氏部族联盟，到遥辇汗国、契丹帝国，契丹人以其辉煌的货币经济史、钱币发展史，在中国货币史、中国钱币史、中国经济史上，浓墨重彩地演绎了一部不朽的史诗。契丹人实行的"金银实物本位制"、"钱帛兼行"、"银钱同行"、"钱物兼行"、"一国两制"的货币制度，成为中国货币史上最成功的货币制度之一。契丹人在钱币铸造和使用上创造了多个中国钱币之最，如：铜钱铸额为历代正统王朝中最少者；22个年号均铸有年号钱，为历代王朝中年号钱铸造最全者；钱币流通品种总计300余种，为历代王朝之最；其每种钱币数量存世最多数百枚、最少仅数枚，为历代王朝钱

中最稀少的钱币等等，都是一个国家因地制宜、因国情制宜而实行的具有契丹国特色的货币制度最成功的范例。

契丹人在国家经济中实行最成功的货币制度，铸造和流通了最成功的钱币，使国家物价长期稳定，储备物资自始至终丰富厚积，社会经济长期繁荣稳定，成为清朝以前少数民族王朝中经济政策最成功的国家。

长期在契丹经济生活中充当重要辅币角色的方孔铜钱，因其总体数量的稀少，故在契丹国民经济中所占比重不大。其中契丹自铸钱更是大部分仅具政治象征意义和宗教、艺术鉴赏作用。契丹钱币这种有别于其他朝代钱币的特色，决定了它的鲜明的北方游牧民族粗犷、雄浑、大气、不拘一格的风格。它的形制、钱文特征，无不与契丹独特的政治、经济制度紧密相联。

虽然契丹钱在不同的历史时期都被打上了不同的时代烙印，但它骨子里与生俱来的质

契丹文"天朝万岁"银钱

内蒙古巴林左旗博物馆藏。辽太祖耶律阿保机开国纪念钱。

朴豪放的风骨神韵，始终使其蕴含着鲜明饱满的个性。透过这种个性，仿佛可以看到契丹族不断与外部抗争、壮志凌云的傲骨。这种终契丹一代的传统个性，即是人们所说的契丹钱独具的神韵。

铸造质量不高

背错范、平夷者较多。文字不清晰，重文、漏字、缺笔、丢画、钱体变形等比比皆是。有人说契丹钱"文字制作，多无足观"（《古钱大辞典》221页），确是事实，但不够准确。说它是事实，是因为契丹铜钱，特别是行用钱，仅占契丹国所有流通铜钱的10%（90%是唐宋钱和历代旧钱），而全部铜钱在契丹货币中也仅占10%—30%（契丹与西方贸易主要用金银、绢帛，与中原各国贸易主要用实物，如马、牛、羊、盐、手工艺品等，这些贸易约占国家货币收支50%以上）。国内铜钱使用地区仅占全国1/3左右，而在铜钱流通区，稍大一些的交易又使用银和布帛，铜钱只作为找零辅币。这样就使铜钱在国民经济中的作用过于细小，上不被皇家所重视，下不被黎民百姓所广泛采用，以至它的铸造质量常常被人们所忽视。特别是行用钱以及后期投入流通的所谓下八品年号钱更是如此。

说它不准确，是因为契丹钱中精美绝伦、钱文形制俱佳者并不少，而且整体质量并不次于中原各国钱币，低劣钱比例很小。依契丹当时的冶铸技术看，铸造精美的钱币应是游刃有余，可契丹人为什么不认真去做呢？归根结底就是不重视，不想在无足轻重的铸币上耗费更多的人力、物力。契丹早期钱质量比后期钱高，非年号钱质量比年号钱高，非行用钱质量比行用钱高，民俗压胜钱质量比官家用钱高。

这是契丹钱的质量特征。

钱文字体和书法

契丹钱文字大小错落，一钱四字分为两

体，隶楷相间者多；钱文大小一致，四字一体，全部隶书或楷书者少。书体隶楷杂糅者多，真正隶书和真正楷书者少。字文歪斜、疏放自由者多，字文端正、横平竖直者少。借郭、借旁、任意改变文字结构、随意增减笔画者多，笔画工整正规、间架结构严谨者少。钱文中至少有一个字为当时的俚俗字，这是有意为之，以便和其他钱币相区别。折二以上大钱钱文风格和平钱迥然不同，文字横平竖直、棱角分明、拘谨稚拙有如木雕者多，文字随意疏放、挥洒自如者少。宝字隶书者多，楷书者少。通字、元字楷书者多，隶书者少。这是契丹钱的文字特征。

契丹文"天行太平"合背钱

此为辽太祖至辽太宗时期铸造的非行用钱，铸造精美。

钱体的结构和布局

契丹钱形制承唐元（通）宝余韵，在唐钱形制的基础上又糅进了北方民族雄浑、质朴的气质。钱面中缘配窄郭，钱背宽缘配肥郭。面较背深峻，背多浅平。背错范、平夷者较多，深峻、精美者较少。正用钱背星月稀少，星文、决文罕见。平钱浅薄小样者多，厚重大样者少。折二以上大钱、非年号行用钱和年号平钱形制有显著区别。大钱和非年号行用钱，形制多承唐与五代大钱，厚重、雄浑、面背均深峻、粗犷者多，端正、轻薄、平浅者少。内外郭有决文者多，细郭缘、宽郭缘者少。这是契丹钱体结构布局特征。

年号钱以通宝为主，元宝为辅

每个年号均元、通宝双铸，通宝较多，元宝较少。统和以前和大康以前元宝罕少，大康后元宝多见。契丹严格实行了宝钱制，22个年号都铸行了自己的年号宝钱，哪怕是仅存在几个月的年号也不例外。如，大同年号建元两个月太宗即崩，竟也留下了少量的"大同元宝"和"大同通宝"钱。

年号钱不铸重宝钱系因始祖涅里和遥辇汗国开国可汗阻午可汗曾铸"大丹重宝"，为表示对祖先的尊崇，所以帝国开国后不铸重宝年号钱。因此，凡见契丹重宝年号钱，均伪。这是契丹钱钱名特征。

钱文读法

"大同元宝"光背小平铜钱

大辽国太宗皇帝耶律德光大同年间铸造。

以右旋读为主，亦有左旋读、顺读者。非年号钱可右旋读、左旋读、顺读，自由随便，早期钱中尤甚。年号钱顺读、旋读有严格

规律，各代始终遵守。顺读钱，只在已有同号旋读元宝铸行在前时，周边王朝或前朝已铸有同号旋读钱时，须铸和铜钱同年号的赏赐金、银钱时，或皇帝别出心裁改革币制时才出现。旋读通宝铸制在前，次铸元宝铜钱亦旋读（大钱和金、银钱有例外）。旋读元宝在前，后铸通宝必顺读。元宝铜钱无顺读（大钱和金、银钱有例外），顺读铜钱都是通宝。元宝顺读是大珍，通宝顺读多珍罕。相对右旋读钱来说，契丹钱中的左旋读、顺读钱数量更罕少，品级更高。这是契丹钱钱文读法特征。

币材的合金组成

契丹钱的币材合金在不同的历史时期、不同用途的币种上不尽一致。如年号平钱主要是据矿冶铸，以原铜加少量铅锡熔铸，配比随意，合金组成不尽合理。所以铜色暗红色、褐红者多，含铜量都较高。而在冶铸数量稀少的折二以上大钱和非年号行用钱时，合金配比就比铸平钱时相对严谨，三元配比也更加合理，铜色深红者至青黄者都有。在铸制赏赐钱、聘享钱等国家用钱时，就不惜工本以求精美。合金有以原铜为主的高铜钱，铜色呈大红至深红；有以昂贵的炉甘石配料冶铸的黄铜钱，铜色从浅黄、深黄到金黄；有用废旧铜器回炉熔铸的杂铜钱，铜色呈黑褐、暗黄、深褐等；有用铜锡、铜铅、铜铁、杂铜合金冶铸的锡白铜、铅白铜、铁白铜、褐色铜，铜色呈亮白、灰白、青白、黑褐。契丹钱币材合金多样，铜色五彩缤纷。这是契丹钱币材合金的特征。

铸钱工艺

契丹在唐代就掌握了翻砂法铸钱工艺。铸钱时都是采用雕模印制型腔工艺。而且大多采取雕母直接印模，很少翻铸母钱。雕制母钱多用软性材料，小钱多用铅锡，大钱多用木头或滑石，铜质雕母、母钱、铁母极其珍罕。雕母雕刻工艺较粗糙，精美者少见。刀工拙劣、走刀、地张不平、图文缺刀少肉者比比皆是。

大型钱母因有木纹限制，故圆刀少，直切刀较多，造成钱文拘谨，棱角平直，形似木雕，了无生气。因为每种钱铸额都不多，所需母钱也就不太多。但因母钱是由铅锡等软性材料制作，磨损较快。数额稍大时，就须增加母钱了，如有两个以上母钱，那每个钱的差别就会很大。非年号钱铸额稀少，所以非年号钱中同模钱多版别钱少。年号钱因铸额较多，又多监铸造，所以就出现有几枚母钱就有几个版别的现象，致使每种年号钱最少都有两种以上版别钱。契丹钱少有拔模稍度，合箱时错箱较多，所以契丹钱中错范、叠字、漏字现象较多，契丹铸钱以省工省力为上，故契丹钱中改范钱较多。契丹铸金、银、铜、铁不同材质钱时，一般只用铜钱范加以翻铸，而不再另做砂型。这是历代铸不同材质钱时唯一的做法。这是契丹钱铸钱工艺的特征。

契丹钱币的出土状况

契丹钱保存的途径大致有窖藏、罐藏、墓葬、传世四种。由窖藏出土的多是大批量钱币，遗憾的是窖藏中出土的辽钱多是大路货，而且仅占总出土量的10％左右。已知的数十批窖藏出土中，仅发现一枚天禄通宝、一枚保宁通宝、一枚通行泉货、一枚太元货泉，其他都是所谓的"下八品"。罐藏大多是私人当作财富埋藏的，近十年发现的辽钱多出于此。其辽钱比例在30％—70％间，珍稀钱大量发现。近

年辽钱大珍神册、大同、开泰、太平、景福钱都出自罐藏。墓葬是发现金、银钱的主要途径，而遗址出土是历代传世钱的主要来源。墓葬辽钱皆宝贵，传世钱多民俗钱、宗教钱。由于保存途径不同，出土地区不同，钱本身材质不同，埋葬环境不同，面世的生坑钱、老生坑钱、传世钱产生令人眼花缭乱的包浆和锈色。许多包浆和锈色为契丹钱所特有，多是让南方一般泉家"打眼"和"走眼"的色泽。如传世品多见的褐色包浆，南方泉家无论如何是不会看真的，而它恰恰是真。再如生坑红锈，南方就很少见到，而这种红锈独生长在砂土罐藏中。再如沙漠黑漆古、草原瓜皮绿、山地斑驳色、古城红蓝锈等等。契丹钱的包浆锈色是值得爱好契丹钱的人士研究和关注的一个新课题。

"景福通宝"光背小平铜钱
大辽国兴宗皇帝耶律宗真景福年间铸造。

契丹金、银钱树探秘

契丹翻砂铸造钱树的源流

契丹翻砂铸钱技术及工艺来自何方？以前只是从理论上感性地认为来自大唐王朝。苦恼的是既没文字记载，也无实物证明。自从收集到这批契丹钱树，心里就萌发了这样一个梦

想：哪一天若能见到唐代钱树，与契丹钱树作一番比对，相信结果一定会对契丹钱币研究注入新的动力。

似乎我的诚心感动了苍天，几天前一位泉友竟从千里之外给我寄来了一份唐"得壹元宝"钱树的资料，现在终于可以底气十足地宣称：契丹钱树枝型与唐代中晚期钱树枝型大体相同，事实说明契丹铸钱工艺及技术均来自大唐王朝。

江苏省昆山市的施向东先生，用特快专递的方式给我寄的这份张家港钱币学会编辑出版的《张家港钱币》中《"得壹元宝"铸地考》一文的附图"得壹元宝"钱树，是目前已知的、唯一存世的唐代翻砂铸造的钱树，它的枝型与我收藏的契丹铜钱树的一种枝型相同。它的出现证明我获藏的这批钱树枝型符合唐及契丹当时铸钱的特征，确系契丹铸造的真钱树，毋庸置疑。

这株仅剩一枚"得壹元宝"钱的已断成三截的钱树，出土于洛阳附近的一处工地，系一名河南巩义民工掘得。钱树后为张家港钱币学会理事惠建明先生在洛阳购得。《唐书·食货志》载："史思明占东都，铸'得壹元宝'钱。"这枚"得壹元宝"钱树的出土，证实了"得壹元宝"钱铸地确实在洛阳。

钱树残高仅剩170毫米，在宽约20毫米的主流道两侧各残留三个长40毫米、宽约10毫米的分流道，每个流道顶端应各有一枚钱，现只剩一枚"得壹元宝"钱，穿口未开，外廓边缘有不规则的槽铜，钱径35毫米。

根据钱树残留数据推测，原钱树高应为250—260毫米，宽约150毫米，主流道旁应各有四或五个分流道，每个分流道顶端各有一枚折五型钱，整株钱树应有八或十枚钱。浇注这枚钱树的砂箱规格应为高400毫米、宽250毫米、厚70—80毫米。

"得壹元宝"钱树的枝型与契丹铜钱树十枚钱者形态十分相近，仅大小规格不同。这

说明两者铸造工艺相同或相近，制作砂型的技术也相同或相近，两枚钱树产生的年代应相距不远。

契丹钱树的宗教寓义

一次，中国钱币学会副理事长戴志强先生在和笔者共同赏析《契丹钱树鉴赏与投资》收藏的各种材质钱树时，曾向我提出一个问题："契丹流通钱大多质量不高，可面前的钱树质量为什么普遍较好呢？这其中有没有工艺管理之外的其它原因？"记得当时笔者认为钱币是天皇帝的"圣物"，是契丹帝国的"王信"。所以铸造后要保留部分最初状态的钱树母、钱树样、头炉钱树存档。故此，流传下来的钱树质量相对精致。回过头来看，当时的回答不够全面，结论似乎有些牵强。几个月来，在修改《契丹钱树鉴赏与投资》的过程中，感觉辽金钱树得以保存下来，除"圣物、王信"外，应还有更深层次的原因，否则无法彻底解释流传下来的钱树质量普遍较好的问题。

然而，在我查阅了大量有关辽金历史、货币的资料但一无所获后，我不禁茫然了。难道我的分析发生了偏差，除了钱树本身的原因，还有其它原因？那到底是政治、军事、经济、宗教、风俗习惯中的哪一种呢？在浩如烟海的史料中漫无目的地查找，无异于大海捞针，不会有任何结果。但让我未曾想到的是，"世上无难事，只怕有心人"的谚语，竟在我身上发生了灵验。就在走投无路的时候，一个巧遇使我找到了开启"钱树神秘之门"的金钥匙。

那天，笔者应邀到北京古玩城一个经营契丹文物商店的朋友处看货，边看货边闲聊，不知不觉聊到了钱树上。朋友告诉笔者，前几天有几位内蒙古人到他店里卖钱树。他向他们询问获取经过时，内蒙人告诉他得自辽墓中死人身下，多数辽墓都出钱

"神册元宝"光背小平铜钱树

大辽国太祖皇帝耶律阿保机神册年间铸造。

树。有七枝钱树排列成北斗七星形的，有五枝钱树排列成五方形的，有三枝钱树排成三星形的，最多的有十二枝排成圆圈形的，最少见过头枕一枝的。多数钱树为铜质，有极少量金银质，铅、锡质也见过，铁钱树没看到过。朋友说契丹钱树可能和契丹人的丧葬习俗或宗教信仰有关。

朋友的一席话，使我"山重水复疑无路"的思绪，转瞬间变成了"柳暗花明又一村"。辽墓死人睡在钱树上这个事实意味着什么？是丧葬习俗，还是宗教信仰？是在契丹族一族，还是在大辽国各民族内都存在？为什么史料上没有记载？带着这些问题，我又重点查找了契丹民俗史和宗教史。终于在回鹘佛教中找到了一些和契丹钱树间接有关的资料。我又用这些资料反过来印证辽墓中死尸或骨灰底下往往摆放钱树的事实及其在《辽史》中遗存的痕迹。结果，两种史料描写与钱树实物形态相符，并契合契丹人丧葬习惯，较圆满地揭示了契丹钱树遗存之谜。

大家都知道契丹曾为回鹘汗国附庸近百年。百年中契丹人和回鹘人朝夕相处，受先进的回鹘文化浸润极深。从政治体制、经济贸易、货币管理到宗教文化、风俗习惯，都深深打上了回鹘文化的烙印。其中尤以影响辽金元数朝的回鹘佛教——摩尼教影响巨大。辽太祖借助摩尼教整合改造了契丹原始宗教——萨满教，使其成为契丹皇帝掌握舆论的工具。耶律阿保机还将儒、释、道和摩尼教糅合，将其改造成新的有别于汉地佛教的契丹式的佛教。

回鹘佛教——摩尼教、萨满教、契丹佛教，都盛行对树的崇拜。回鹘佛教——摩尼教"常以两种树来表达二宗的概念，一曰光明活树，二曰黑暗死树。……根据（吐鲁番）柏孜克里克发现的一幅摩尼教壁画，我们得知摩尼所说的生命树的形状，其花果繁盛，有三根树干，象征着光明王国所占的三个方向（即北方、东方和西方。人类灵魂最终都要经由日宫回归光明天国，光明王国是善良灵魂的最终归宿。"①

《辽史·礼志》中记述的"祭山仪"其实就是一种整合了契丹祭天旧俗的摩尼教宗教仪式。如仪式中要"偶植二树，以为神门"②，而"二树"应就是光明活树和黑暗死树。仪式始终贯穿着敬日崇东的强烈意识，这很可能是对摩尼教有关灵魂最终经由日宫回归光明天国教义的反映。契丹"再生仪"仪注云："在再生室东南，倒植三歧木。"③此"三歧木"或许就是摩尼教象征光明王国的三干树，再生与往生方向不同，故将其倒植。

上述两种史料所反映的摩尼教义中"三干树"、"三歧木"的形象，被契丹钱树完美地表现出来。契丹钱树虽有三种类型，但细看仍都是"三干树"、"三歧木"。其中以"神

册元宝"光背小平铜钱树乙型最为典型，契丹文"皇帝万岁"光背折十型金钱树虽然去掉了左右枝干，果实（钱）直接长在了主干上，但仍表示了通往光明王国的三个方向：北（上）、西（左）、东（右），并且使其更符合中国传统的"通天树"的形态。

《山海经·海内经》记载："有木青叶紫茎，玄华黄实，名曰建木。……太暤爰过，黄帝所为。"据袁珂先生研究，"过"字的含意应该是"缘着建木，上下于天的意思。"④建木细长无枝，笔直地插入云天，黑色的花，金黄色的果实，应该是"居于天地中央唯一的天梯，就是各方的天帝或上天或下地的梯子，他们就是缘着这棵直入云霄的细长的树爬上去爬下来的"⑤。

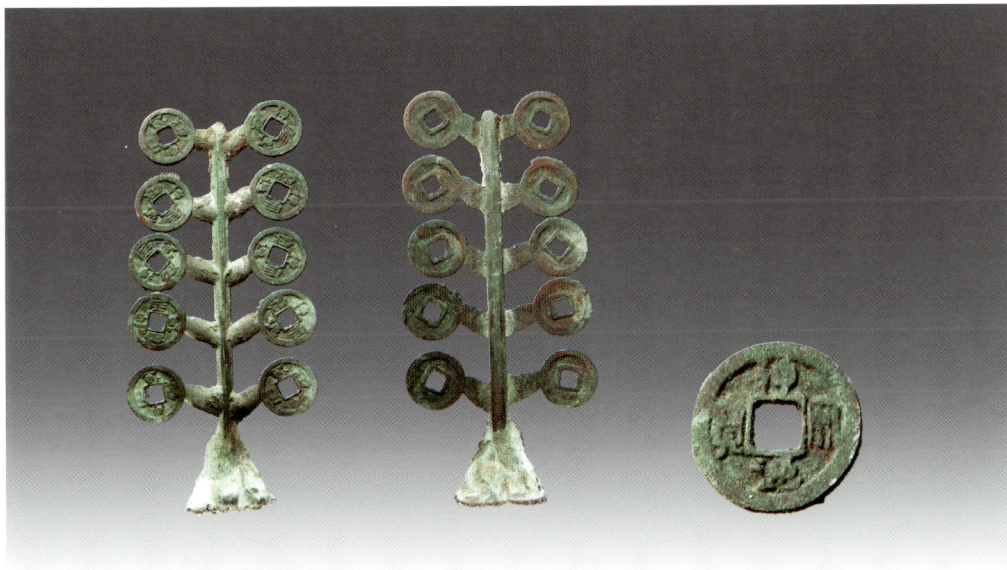

"神册通宝"光背异书小平铜钱树

大辽国太祖皇帝耶律阿保机神册年间铸造。

①林悟殊《摩尼教及其东渐》，第14页。中华书局1987年版。《古代摩尼教艺术》，第71—72页。中山大学出版社1982年版。
②《辽史》卷四十九《礼志》一，第834页，中华书局1974年版。
③《辽史》卷五十三《礼志》六，第879页，中华书局1974年版。
④袁珂《中国神话传说》人民文学出版社1998年版。
⑤袁珂《中国神话传说》人民文学出版社1998年版。

契丹文"皇帝万岁"光背折十型金钱树

大辽国太祖皇帝耶律阿保机在位时铸造的非年号钱。

至此，有关契丹钱树的所有谜底都已揭开，神秘的契丹钱树之谜终于有了以下较为科学合理的解释。

1. 契丹钱树都是从契丹官铸钱中精选出来的，作为丧葬祭祀和预备亡人灵魂升天的"神物"，所以质量普遍较好。这里，不排除为祭祀或丧葬特铸的可能。

2. 契丹钱树形状应是取材于摩尼教的光明树（三干树）、中国古代神话传说的通天树（建木）及契丹原始宗教萨满教的神树（三歧树）的主要特征，目的亦是接引信徒灵魂缘着光明树（通天树、神树）到达天堂（光明王国）。所以，这种钱树与铸钱钱树既相同，也有一定不同之处。已发现的辽金钱树三百多年都同此形状绝非偶然，若不是信仰同一宗教，绝难出现这一不同寻常的景象。

3. 凡信仰契丹摩尼佛教者，不论契丹人、汉人、女真人、渤海人、奚人，相信都会遵循此种以殉葬钱树让灵魂升入光明天国的丧葬习俗。故此，只要是辽金尚未被盗的墓中就有可能出土契丹式钱树。

4. 辽墓中尸床上钱树摆放方法体现了摩尼教义中对一、三、五、七、十二等神圣数字的偏爱和对佛道思想的吸收与融合，里面既有摩尼教中的一尊、二宗、三际、五大、七施、十二宝光王等宗教寓意，又有道教里的太极、五行、十二星宿和佛教往生的哲学思想，反映了契丹人宗教思想的兼收并蓄、开放吸收的特点。

祭祀和殉葬用契丹钱树，是契丹萨满教与摩尼教、佛教、道教融和的产物，契丹钱树是契丹人在宗教浸润下向往光明天堂所寄托理想的神物。因地位、财富的差异，不同材质的钱树应运而生。据推测，用于祭祀和丧葬的钱树，都应是官钱监在铸官钱时按比例精铸或挑选出的精品。在有人去世时，家人可向钱监购买或定铸或按规定领取。对官员，朝廷可能会无偿按品级提供，也可能按其家属要求特铸。在使用方法上，除置于死人身下外，尚有祭祀后火焚或瘞埋的。

总之，契丹人由独特宗教教义培养成的用钱树殉葬的习俗，是契丹钱树得以保存于世的最重要原因，这是为辽墓和祭祀场所出土钱树实物无数次证实的事实。它将对史籍阙如的契丹的丧葬史、宗教史给予有益的补充。

契丹钱树枝型问题

有人认为，钱树枝型的铸造仅见两汉魏晋，南朝以后就淘汰了，真品契丹钱背后移范的样式不应该像钱树这样。

这两个问题很专业，涉及钱币铸造的很多技术问题，有必要给予补正，否则会让不懂钱币铸造工艺的朋友产生误解。下面就这两个问题予以解答。

第一，唐以前没出现翻砂铸造工艺，所以绝不会出现树型翻砂铸造物。"钱树枝型的铸造仅见两汉魏晋"的情况，只能是范铸树型而绝不可能是翻砂铸造钱币钱树的树型。翻砂铸造发端于唐朝，唐早期范铸与翻砂铸造并行，有唐初"开元通宝"钱范可以证明。唐中期范铸被翻砂铸造替代，但翻砂铸造操作工艺仍滞后于范铸工艺，钱树树型大小、流道布置仍袭用范铸后期的工艺，并和唐年铸钱额相适应。契丹铸钱技术、工艺都源于唐，故翻砂铸造的钱树树型、大小、流道布置都与唐相同。唐及唐以前翻砂铸造的完整的钱树，尚未见有出土记载。近年发现的这批契丹翻砂铸造的完整的钱树，应是我国目前发现的最早的翻砂铸造的完整钱树实物。

第二，关于"移范"的问题。辽小平流通钱背"移范"的现象很多，但也仅占总钱数1/10左右，并大都集中出现在辽道宗咸雍至寿昌年间的钱币上，不能代表所有辽钱的面貌。在前面我已说过辽代是翻砂铸造的成长期，很多技艺还不成熟，如面背砂箱的对正固定以及为几个砂箱联合浇注的固定问题可能还有欠缺，以至"涨箱"现象频繁发生，导致"移范"钱较多。这是翻砂铸造工艺发展中产生的前进中的问题，到天祚帝时就基本解决了。

如果将一部分钱出现的问题当作所有契丹钱共有的问题，以偏概全，结论如何可想而知。据考证，这批在内蒙古发现的钱树是蒙古人从金内藏库夺来的，而金应是从辽国钱监样本库掠来。作为样本保存的钱树，能选"移范"或有毛病的吗？拿"移范"钱来与样本钱对比，就好比拿次品与合格品对比，怎么能对得上茬口？样本钱合格品与次品移范钱对比不一样，就说样本钱合格品不真，这岂不是颠倒了是非标准，成了管中窥豹的南凤、摸象的瞎子？！

神秘的契丹族金、银钱币

契丹金、银钱铸造历史之久、品种之多、数量之巨，为历代钱币之最。对此事实，古人不知晓，世人不敢认。原因在于契丹金、银钱币在近两千年中闻所未闻，在近5年中却突然以巨量集中出现。当然，所谓"巨量"，一是相对契丹钱币过去的金、银钱一枚未见而言，二是相对历朝历代金、银钱都稀贵珍罕而言。遍查20世纪及以前历代著名钱币谱录，看不见一枚契丹金、银钱的钱图；通览二十五史，只有《辽史》中有几条关于契丹赏赐金币、珍币的记载，可在浩如翰海的钱币研究文章专著中却不见对契丹金、银钱一字一词的议论。

以上情形的产生，既有历史上契丹金、银钱罕绝记载的根源，也有当代契丹金、银钱集中出现的理由。

契丹族是个在中国大地名扬千余年的民族，是个高度汉化、高度文明的民族。它的消逝悲剧，在于被金和蒙古毁灭得过于干净彻底。其国中凡属典籍和契丹在政治、经济、军事诸方面攻击的中原地区汉族政权，出于维护自己的威信，大量篡改有关契丹的历史，造成了后世对契丹的错误认识。

然而，不幸之中的万幸是，不论金掠夺的契丹钱币、符牌及宫廷用品，还是蒙古掠夺西辽的钱币、符牌、宫廷用品，最后都被退出中原的蒙古王公们作为圣物和宝物，连同灭金、宋、西夏及在中华大地近二百年间所掠夺的所有财宝，一并带往东北和内外蒙古地区，并在战争中陆续埋藏，为契丹留下了唯一可以证明其面貌的地下文物。

清康熙十六年（1677），朝廷的一道封禁关外龙兴之地的圣旨，又将关外四省区（黑、吉、辽、内蒙）与关内人民隔绝近二百年。在以后的近二百年中，虽然关外四省区得到了开发和繁荣，但都是紧紧围绕中心城市起舞，广大农村及边远地区并未触动大地原貌。这是造成关内人士难得一见契丹文物（包括钱币）的重要原因。

自咸丰十年（1860）开禁关外四省区，到20世纪结束，这一百四十年中虽然陆续发现了一些契丹文物（包括钱币），但少之又少，使人们误以为汉人编撰的典籍中污蔑契丹野蛮落后的言论是事实，得出了契丹文物（包括钱币）罕少是因为经济落后的结论，并根据"物以稀为贵"的原则把当时发现的契丹文物（包括钱币）都标上国宝级的标签，抬送上了神坛。

21世纪初，在改革开放二十多年后，在大规模基本建设的挖掘机轰鸣声中和寻宝人的探测器下，以及盗墓者肆无忌惮的挖掘声里，原关外四省区大地被翻了个底朝天。不仅辽金人战乱时埋藏的宝物被悉数发现，原蒙古王公大臣掠夺来的历朝历代宝物、圣物也被从各地挖出，就连封闭在千年古墓中的宝物也未能幸免于难。钱币在这些重见天日的宝物中夺得了数量冠军。契丹人上千年铸造的钱币，集中在近六年中一齐面世，怎能不把此前人们对契丹钱的认识提坝一下子冲垮？怎能不教迷信以前典籍鬼话的人们迷茫？怎能不令以前花重金收购当时被视为国宝而如今成为普通品的契丹钱币的大款们顿足捶胸？

近年面世的契丹金、银钱（包括镏金、镏银、瑜石、合金、合银）在契丹钱中约占1%—3%，比例之大闻所未闻，数量之多令人难以置信，质量之高让人叹为观止，但事实摆在那里，不容你不信。正确的态度是，检验它的真实性并分析它的产生原因，研究它的品种、铸造、使用情况，它的价值和在钱币史上的地位。

契丹文"银禄开宝"背上日金钱

大辽国太宗皇帝耶律德光在位时铸造的非年号钱。

为何铸造如此多的金、银钱？

首先，在族源上，契丹和突厥、回纥两个民族自古以来就有很深的渊源。而这两个民族与中亚各国长期交往，并在语言、风俗习惯、民族信仰、经济生活中互相渗透和融合，最终成为中亚地区的主体民族。契丹在大贺氏联盟时期、遥辇汗国时期都曾做过突厥汗国和回纥汗国的附属国，接受他们的统治，受其文化宗教和生活习俗的熏陶，特别是学会了和中亚、西亚地区民族的往来贸易，熟知了他们的货币和可以进行交易的货物以及交易惯例和方法。

当突厥、回纥败亡退向中亚后，到907年前后，原来他们占有的所有土地全部归属于天皇帝阿保机所建立的强大契丹所有，许多小政权成为契丹国的臣属。据法国作家莫尼克·玛雅尔著《古代高昌王国物质文明史》记载："（新疆回纥人）同在中国北部建立的胡族王朝保持着非常亲善的关系。《辽史》中记载的回纥所进献的贡品数量便是完全可以令人信服的证据。"该书还记载了这样的史实："回纥人一直同天朝保持着良好的外交关系。《辽史》也向我们描述了回纥人于951年派向天朝的大型使团，该团的成员中也包括许多宗教人士，他们似乎很可能是摩尼教法师。辽王朝与回纥人的贸易交流似乎是非常频繁的，回纥商贾在辽王朝的京城享有特权和特殊地位，受到尊重。在辽京师南门之东的上都市场上，有回纥人的牙帐。该民族的商人留在了上都，并在那里建立了住宅和生活区。951年，甚至还允许'听私人交易，官中不得禁诘'。"（法，莫尼克·玛雅尔著，耿升译《古代高昌王国物质文明史》，51页，中华书局，1995年3月第1版）

辽朝与西亚的阿拉伯帝国的商业往来也是很频繁的。据南宋叶隆礼撰《契丹国志》卷二十一《诸小国贡进物件》记载：大食国及高昌国、龟兹国、于阗国、小食国（今新疆哈密一带）等，"三年一次遣使四百余人，至契丹贡献玉、珠、犀、乳香、琥珀、玛瑙器、镔铁兵器、斜合黑皮、褐黑丝、怕里呵、门得丝、碙砂、褐里丝"，其中的纺织品"皆细毛织成，以二丈为匹。契丹回赐至少亦不下四十万贯"。从贡物品种看，犀牛角、乳香、琥珀、玛瑙器产于阿拉伯地区，为大食商人对外贸易的常见商品。辽墓出土遗物中就屡有琥珀及玛瑙饰品，大食三年一次朝贡，使者众多，"契丹回赐至少亦不下四十万贯"，由是以观，大食与辽的贸易是相当繁荣的。

中亚、西亚地区通行的货币是打制的金、银、铜钱。契丹与这些国家进行贸易，除

契丹文"寿福永昌"折十小型银钱

大辽国太祖皇帝耶律阿保机在位时铸造的非年号钱。

以物易物外，主要的是以自制的金、银钱支付货款。用金、银钱支付比用金银锭支付划算，因为铸造金、银钱可掺些铜使成色降下来，故与金银锭支付相比可以获更多利。再者，中亚、西亚各国交易时，计算金、银钱都是论枚，这既便于计算，又不计较成色。故契丹人对铸造金、银钱与中亚、西亚各国交易趋之若鹜。

与中亚、西亚各国的巨大贸易催生并促进了契丹金、银钱的诞生与发展。

其次，契丹国内受突厥、回纥人的影响，也通行使用金、银钱。契丹的国内盛行集团采购方式，很多交易都是以宫、帐、府、头下军州的名义进行。交易额往往很大，这也是契丹国内也通行金、银钱的原因。契丹铸钱大多是金、银、铜三材同铸，其巨大铸额只有是为满足国内外巨大贸易额才说得通。

其三，契丹盛行用金、银钱赏赐臣民。自太祖至天祚帝的218年中，即使在"二十五史"最简陋的《辽史·本纪》中，也有十来条赏赐臣民金币、珍币的记载。近年发现的金、银"家国永安"钱，承天太后赐给耶律奴瓜的

契丹文大字"天朝万岁"周十六个小字背飞凤金钱
辽代制作。

的金"四神钱"，都充分证实契丹赏赐用金、银钱。

其四，契丹进行国家祭祀时常大量使用金、银钱。1977年5月在辽上京遗址发现的契丹文"天朝万岁"背阴文银钱就是契丹早期最著名的金银祭祀钱之一。2005年嘉德公司秋拍中以25000元成交的祭祀木叶山的镏金祭天钱，亦是金、银、铜三铸的祭祀钱。

以上四点是造成契丹金、银钱比任何汉人政权铸造的金、银钱都多得多的原因。这更使契丹金、银钱无论是在品种上还是在数量上，无论是行用钱还是非行用钱，无论是年号钱还是非年号钱，都成为中国钱币史上当之无愧的冠军。

契丹金、银钱的品种

契丹金、银钱的品种，堪称中国钱币史上空前的一次创造高潮的结晶，只有改革开放后的中华人民共和国制造的金、银币种可以与之媲美。契丹金、银钱，既有行用钱也有非行用钱，还有行用纪念钱；所有金、银钱，既有汉文钱也有契丹文钱；行用的金、银钱，既有年号钱也有非年号钱；行用的五等钱制中，都

有金、银钱；非行用的所有品种中，也都有金、银钱。

契丹金、银钱的材质也格外丰富。金钱中既有含金量高的"真黄钱"（含金量为80%以上），也有含量中等的"普黄钱"（含金量为40%～70%），还有含金低少的"次黄钱"（含金量为1%～30%），更有用炉甘石炼出的根本不含金的"假黄钱"（瑜石钱、甘金钱）。这里还不包括存世最多的银、铜镏金的镏金钱。

银钱也存在含银不等的"纯银钱"（含银量为80%以上）、"银质钱"（含银量为40%～70%）、"含银钱"（含银量为1%～30%），以及镏银钱和"假银钱"（含镍白铜钱）。

契丹金、银钱的主要品种（不细分材质）情况大致如下。

行用钱

第一，非年号钱：

1. 仿汉钱仅发现一枚"小泉直一"超小金钱。

2. 仿魏晋南北朝钱中尚未发现金、银钱。

3. 仿隋唐钱中已发现"开元（通）宝"小平金钱、镏金钱、银钱、镏银钱，"开元（通）宝"折十型金钱、镏金钱，"乾封泉宝"折五十型银钱，"乾元重宝"银钱。

4. 仿五代钱中的大部分重要钱中都已发现金、银、镏金钱。

5. 仿宋钱已发现个别品种金、银、镏金钱。

6. 契丹自铸钱"大丹重宝"钱中已发现金、银、镏金钱。

7. 契丹自铸钱"通行泉货"钱中已发现金、银、镏金钱。

8. 契丹自铸钱"巡宝"系列钱中已发现金、银、镏金钱。

9. 契丹契丹文钱"天朝万岁"钱中已发现金、银、镏金钱。

10. 契丹汉文钱"皇帝万岁"钱中已发现

金、银、镏金钱。

11.契丹契丹文、汉文同铸钱"千秋万岁"钱中已发现金、银、镏金钱。

12.契丹国号钱"大丹"、"契丹"、"大辽"系列钱中，均发现金、银、镏金钱。

13.契丹国号年号一体钱所有品种均发现金、银、镏金钱。

第二，年号钱：

1.所有年号钱小平钱均有金、银、镏金钱。

2.折二以上大钱大部分有金、银、镏金钱。其中折十型金、银、镏金钱最多。

3.镏金钱绝大多数为试铸样钱、呈样钱、存档样钱、颁布样钱、祭祀钱。

非行用钱

第一，国家用钱：

1.纪年钱：所有纪年钱都有金、银、镏金钱。

2.祭祀钱：所有祭祀钱都有金、银、镏金钱。

3.钱监计数钱：未见金、银、镏金钱。

4.聘享钱：多数都有金、银、镏金钱。

5.庆典钱：全部都有金、银、镏金钱。

6.万寿钱：全部都有金、银、镏金钱。

"大辽天庆"背"天行太平"镏金钱

大辽国天祚帝耶律延禧天庆年间铸造的非年号钱。

7.赏赐钱：全部都有金、银、镏金钱。

8.宫廷用钱：全部都有金、银、镏金钱。

第二，民俗用钱：

1.生肖钱：很多都有金、银、镏金钱。

2.吉语钱：部分有金、银、镏金钱。

3.符咒钱：有契丹文者多数有金、银、镏金钱。

4.护身符钱：少数有金、银、镏金钱。

5.佩饰钱：少数有金、银、镏金钱。

6.喜庆钱：多数都有金、银、镏金钱。

7.赏玩钱：少数有金、银、镏金钱。

8.节庆钱：多数都有金、银、镏金钱。

9.象棋钱：已见银镏金钱。

如何收藏契丹金、银钱？

契丹金、银钱，其价值目前尚未为世人所认识，大部分都处于非常廉价的状态。原因正如前面所述，因它以"巨量"突然集中出现，使人们茫然不知所措，加之有不法商人趁乱将一些赝品掺进新出契丹金、银钱中，更把水搅得浑浊不清。其实，这个问题很好解决。因金银属贵金属，造假者不会因造假而不计成本。购买时，只要不贪便宜，认真做好三件事即可。

检测

坚持含量检测。金、银钱含量不达到80%，不作金、银钱买。

计价

市价如果为每克纯金260元，每克金钱应不超过300元；每克纯银4元，每克银钱应不超过6元。

鉴定

先要从锈色、腐蚀、氧化、形制、文字、风格、时代特征等方面确定为真钱，然后检测，再计价。

鉴定是基础。契丹金、银钱因往往是与铜钱同模铸造，故鉴定比较容易。鉴定时只要把同模真铜钱（最好选没坑没锈者）找到，将其作标准器进行比对，有细小区别即可否定，所有细节相同即可认定。

其次，购买时，对含金、银钱和镏金、银钱只能当铜钱买。

做到以上两点，获得的金、银钱大多是真品，而且必定有较大的升值空间。

目前应是购入收藏契丹金、银钱的最佳时机，无论从收藏、投资、保值增值、以钱养钱哪一种角度上看，投资购藏契丹金、银钱都是获利较多的投资品种之一。因为从钱币学、历史学、考古学、货币史学、经济学、社会学方面上来说，契丹金、银钱的价值之高无论怎样评价也不会过份。

契丹金、银钱为我们真实地再现了以前被人歪曲、丑化、贬低的契丹族光辉灿烂的形象，纠正、补充甚至重新改写了被某些人篡改、扭曲的历史，为人们勾勒出高度汉化、高度文明、高度发达的契丹族的社会经济生活的画面。以无可置疑的确凿的巨量金、银钱实物，从最具说服力的角度，颠覆了人们对契丹历史的错误看法及天方夜谭式地描绘契丹的呓语。

契丹金、银钱创造了中国钱币史上的一个奇迹，它创造的傲然于钱币之林的品种、数量、品质、艺术等方面的一个又一个第一，奠定了契丹金、银钱币在中国乃至世界钱币史上不容忽视的强势地位。

契丹金、银钱是中国钱币百花园中最具艺术魅力的奇葩，它的绽放将为中国钱币三千年的历史增添上一道更奇异的光华。让我们祈祝人们早日揭开契丹金、银钱神秘的面纱，使她那倾城倾国的容貌重现于世。

契丹小字"清宁通宝"背"上京"银钱

大辽国道宗皇帝耶律洪基清宁年间铸造。

不同材质钱树价格参考

金质钱树

遥辇汗国通行泉货金钱树	200万元
大辽契丹文皇帝万岁金钱树	200万元
大辽天赞通宝金钱树	180万元
大辽天显通宝金钱树	150万元
大辽大同通宝金钱树	200万元
大辽天禄通宝合背金钱树	200万元
大辽寿隆通宝金钱树	200万元
大辽国宝金钱树	150万元
大辽天庆金钱树光背	180万元
东丹国甘露元宝金钱树	180万元
北辽神历通宝金钱树	180万元

银质钱树

大辽契丹文天朝万岁银钱树	80万元
大辽契丹文天朝万岁背穿上星银钱树	100万元
大辽契丹文皇帝万岁折十银钱树光背	120万元
大辽契丹文皇命太尉折十银钱树光背上星月	120万元
大辽神册通宝银钱树	100万元
大辽天赞折十银钱树光背	120万元
大辽天显通宝银钱树	80万元
大辽会同通宝银钱树合背	100万元
大辽天禄通宝银钱树	80万元
大辽天禄通宝银钱树合背	100万元
大辽保宁通宝银钱树合背	100万元
大辽统和元宝银钱树	80万元
大辽开泰元宝银钱树	80万元
大辽开泰元宝合背银钱树	100万元
大辽景福通宝银钱树合背	120万元
大辽咸雍折十银钱树光背	120万元
大辽寿昌元宝银钱树	60万元
大辽寿昌四年折十银钱树光背	120万元
大辽寿隆通宝背穿上星银钱树	100万元
大辽寿隆通宝背穿下月银钱树	100万元
大辽保大通宝银钱树	80万元
北辽建福元宝银钱树	80万元
北辽神历通宝银钱树	80万元
北辽建福元宝银钱树背穿上月	100万元
北辽神历通宝银钱树背穿上月	100万元
东丹甘露元宝银钱树	80万元
东丹甘露元宝银钱树背穿上星	100万元

铜质钱树

遥辇汗国通行泉货

通行泉货铜钱树背上月	80万元
通行泉货铜钱树背下星	80万元
通行泉货铜钱树背下月	80万元

辽太祖（907—926）

大契丹（大辽）钱树	80万元
天朝万顺铜钱树背上星	80万元
福寿永昌铜钱树光背	60万元
神册通宝钱树	50万元
神册通宝铜钱树背上星	60万元
神册通宝铜钱树背上月	60万元
神册通宝铜钱树背下星	60万元
神册通宝铜钱树背下月	60万元
神册万年折三铜钱树背上月	70万元
神册万年折三铜钱树背上月下星	80万元
神册元宝折三铜钱树光背	90万元
天赞通宝钱树	40万元
天赞通宝铜钱树背上星	50万元
天赞通宝铜钱树背下月	50万元
天赞通宝铜钱树背左月右月	50万元
天赞通宝铜钱树光背	40万元
天赞通宝铜钱树合背	50万元
天赞通宝折三铜钱树背上星	90万元
天显通宝钱树	40万元
天显通宝铜钱树背上星	50万元
天显通宝铜钱树背上星	50万元
天显通宝铜钱树背上月	50万元
天显通宝铜钱树背下星	50万元
天显通宝铜钱树背左星右星	60万元
天显通宝铜钱树背左月右月	60万元
天显通宝铜钱树合背	60万元
天显通宝折三铜钱树光背	90万元

辽太宗（927—947）

会同通宝钱树	40万元
会同通宝铜钱树背上星	50万元
会同通宝铜钱树背上月	50万元
会同通宝铜钱树背下星	50万元
会同通宝铜钱树背下月	50万元
会同元宝折三铜钱树光背	90万元
大同通宝钱树	50万元
大同通宝铜钱树背上星	60万元
大同通宝铜钱树背上月	60万元
大同通宝铜钱树背下月	60万元
大同元宝折三铜钱树光背	100万元

辽世宗（947—951）

天禄通宝钱树	40万元
天禄通宝铜钱树背上星	50万元
天禄通宝铜钱树背上月	50万元
天禄通宝折三铜钱树背上星	90万元
天禄通宝折三铜钱树光背	80万元

辽穆宗（951—969）

应历通宝钱树	40万元
应历通宝铜钱树背下月	50万元
应历通宝铜钱树背左月右月	60万元
应历通宝折三铜钱树背上星	50万元
应历通宝折三铜钱树光背	90万元

辽景宗（969—983）

保宁通宝钱树	40万元
保宁通宝铜钱树合背	60万元
保宁通宝铜钱树背上星	50万元
保宁通宝折三铜钱树光背	90万元
乾亨通宝钱树	50万元

辽圣宗（983—1031）

统和元宝钱树	12万元
统和元宝铜钱树背上月下星	15万元
统和元宝铜钱树背上月下星	15万元
统和元宝铜钱树背右月	10万元
统和元宝折三铜钱树光背	80万元
开泰元宝钱树	50万元
开泰元宝铜钱树光背	50万元
开泰元宝铜钱树光背	50万元
开泰元宝铜钱树背上星	60万元
开泰元宝折三铜钱树光背	90万元
太平通宝钱树	60万元

辽兴宗（1031—1055）

景福通宝钱树	50万元
景福通宝折三铜钱树背上星	90万元
景福通宝折三铜钱树光背	80万元
重熙通宝钱树	9万元
重熙通宝铜钱树背上星	10万元
重熙通宝铜钱树背下星	10万元
重熙通宝铜钱树背上月	10万元
重熙通宝铜钱树背下月	10万元
重熙通宝铜钱树背左月右月	12万元

辽道宗（1055—1101）

清宁通宝钱树	9万元
清宁通宝铜钱树背下星	10万元
清宁通宝铜钱树背下月	10万元
清宁元宝折三铜钱树光背	80万元
咸雍通宝钱树	9万元
咸雍通宝铜钱树背上星	10万元
咸雍通宝铜钱树背下星	10万元
咸雍通宝铜钱树背下月	10万元
咸雍通宝折三铜钱树背上星	80万元
大康通宝钱树	9万元
大康元宝铜钱树背上星	10万元
大康元宝铜钱树背下星	10万元
大康元宝铜钱树背上月	10万元
大康元宝铜钱树背下月	10万元
大康元宝铜钱树合背	12万元
大康元宝折三铜钱树背上星	90万元
大康元宝折三铜钱树光背	80万元
大安元宝短安钱树	9万元
大安元宝铜钱树背下月	10万元
大安元宝铜钱树背下星	10万元
大安元宝铜钱树背上月	10万元
大安元宝铜钱树背上星	10万元
大安元宝铜钱树背左右星	12万元
寿隆通宝钱树	40万元
寿隆通宝铜钱树背上星	50万元
寿隆通宝铜钱树背下星	50万元
寿隆通宝铜钱树背上月	50万元
寿隆通宝铜钱树背左月	50万元
寿隆通宝铜钱树背左星右星	60万元
寿隆通宝铜钱树背光背	40万元
寿昌通宝钱树	9万元
寿昌元宝铜钱树背上星	10万元
寿昌元宝铜钱树背上月	10万元
寿昌元宝铜钱树背下月	10万元
寿昌元宝铜钱树背左月右月	12万元
寿昌元宝折三铜钱树背上星	90万元
寿昌元宝折三铜钱树光背	80万元
大辽国宝折三铜钱树背阴刻寿昌万年	100万元

天祚帝（1101—1125）

乾统元宝钱树	9万元
乾统元宝铜钱树背上星	10万元
乾统元宝铜钱树背下星	10万元
乾统元宝铜钱树背下月	10万元
乾统元宝铜钱树背左星右星	12万元
天庆元宝钱树	9万元
天庆元宝铜钱树背上星	10万元
天庆元宝铜钱树背下星	10万元
天庆元宝铜钱树背上月	10万元
天庆元宝铜钱树背下月	10万元
天庆元宝铜钱树合背	11万元

天祚帝（1101—1125）

天庆元宝铜钱树背左月右月	12万元
天庆元宝折三铜钱树背上星	90万元
天庆元宝折三铜钱树光背	80万元
保大元宝钱树	10万元
保大通宝铜钱树背上星	12万元
保大元宝折三铜钱树背上星	100万元
保大元宝折三铜钱树光背	90万元

东丹钱树

人皇王（926—930）

甘露元宝钱树	60万元
壮国通宝折三铜钱树背上星	100万元
壮国通宝折三铜钱树光背	90万元

北辽钱树

辽宣宗（1122三月至六月）

建福通宝钱树	70万元

萧德妃（1122六月至十二月）

德兴通宝钱树	60万元

辽梁王（1123五月至十月）

神历通宝钱树	60万元
神历通宝铜钱树背下星	70万元
神历通宝铜钱树背下月	70万元
神历通宝铜钱树背左月右月	80万元

西辽钱树

辽德宗（1124—1143）

延庆元宝钱树	60万元
延庆通宝折三铜钱树背上星下月	100万元
延庆通宝折三铜钱树光背	90万元
康国通宝钱树	60万元

感天太后（1144—1150）

咸清通宝钱树	70万元

辽仁宗（1151—1163）

绍兴元宝钱树	120万元

感天太后（1164—1177）

崇福元宝钱树	70万元

文颢帝（1178—1121）

天禧元宝钱树	70万元

后辽钱树

耶律厮不（1216）

天威通宝钱树	80万元

耶律乞奴（1216）

天祐通宝钱树	80万元

耶律金山（1216）

天德元宝钱树	80万元
天德通宝钱树	80万元

锡质钱树

东丹国助国元宝锡钱树	20万元
东丹国助国通宝折三锡钱树背上星	50万元
东丹国助国通宝折三锡钱树光背	50万元
东丹国壮国元宝锡钱树	20万元
大辽天赞通宝锡钱树	20万元
大辽统和元宝锡钱树	20万元
西辽绍兴通宝锡钱树	40万元
后辽天祐通宝锡钱树	30万元

铅质钱树

遥辇汗国通行泉货铅钱树	15万元
大辽神册通宝铅钱树	15万元
大辽天显通宝铅钱树	12万元
大辽会同通宝铅钱树	12万元
大辽大同通宝铅钱树	15万元
大辽天禄通宝铅钱树	12万元
大辽保宁通宝铅钱树	12万元
大辽应历通宝铅钱树	12万元
大辽统和元宝铅钱树	10万元
大辽重熙通宝铅钱树	8万元
大辽清宁通宝铅钱树	8万元
大辽咸雍通宝铅钱树	8万元
大辽大康元宝铅钱树	6万元
大辽大安元宝铅钱树	6万元
大辽寿隆通宝铅钱树	8万元
大辽寿昌元宝铅钱树	6万元
大辽天庆元宝铅钱树	6万元
北辽神历通宝铅钱树	8万元

附录：辽代度量衡制与公制换算

衡制与公制换算

辽代度量衡制史书缺乏记载，现存的唯一一件辽代崇德宫（承天皇太后宫帐，又称尚德宫）铜量器未记容量，难以推算单位量值。其他度衡制器未见出土，其单位值也无从考证。历史学家认为辽承唐制，辽制即唐制，后期虽吸收了部分宋制内容，但主要内容仍为唐制。不仅度量衡制，其他政治、经济制度也大体如此。辽度量衡制与宋制稍有区别，和明、清制则差别较大。鉴赏辽钱要用辽度量衡制（即唐制），切忌用宋元明清度量衡制比附。笔者在研究辽钱中参考《中国历代度量衡演变简表》、《中国历代度量衡史》、《我国古代近代计量法制概述》，以及《唐书·食货志》、《唐六典》等典籍，整理编辑了一份与辽钱有直接关系的《辽代度量衡制与公制比较换算表》，供辽钱和辽史爱好者阅读历代辽钱谱录及检测辽钱时参考。由于资料有限，错谬在所难免，盼广大同好及时修正并补充。

度制

尺（单位）：十进制。

一丈＝十尺＝一百寸＝一千分＝一万厘＝十万毫。

一尺＝十寸，一寸＝十分，一分＝十厘，一厘＝十毫。

小尺：常用尺、钱度尺。

一尺＝十寸＝（30厘米）＝（300毫米），

一寸＝十分＝（3厘米）＝（30毫米），

一分＝十厘＝（0.3厘米）＝（3毫米）。

大尺：营造尺。

一尺＝十寸＝（36厘米）＝（360毫米），

一寸＝十分＝（3.6厘米）＝（36毫米），

一分＝十厘＝（0.36厘米）＝（3.6毫米）。

量制

斛（单位）：十进制。

一斛＝十斗＝一百升＝一千合＝一万勺＝十万撮。

一斗＝十升，一升＝十合，一合＝十勺，一勺＝十撮。

小斛：发放、支出用。

一斛＝（20000毫升）＝十斗，一斗＝（2000毫升）＝十升，

一升＝（200毫升）＝十合，一合＝（20毫升）＝十勺，一勺＝（2毫升）＝十撮。

大斛：赋税、征收用。

一斛＝（60000毫升）＝十斗，一斗＝（6000毫升）＝十升，

一升＝（600毫升）＝十合，一合＝（60毫升）＝十勺，一勺＝（6毫升）＝十撮。

衡制

石（单位）：多种进制。

一石＝四钧，一钧＝三十斤，一斤＝十六两，一两＝二十四铢。

一石＝（79320克）＝一百二十斤，一斤＝（661克）＝十六两，

一两＝（41.3克）＝二十四铢＝十钱，一钱＝（4.13克）＝二铢四絫＝十分，

一分＝（0.413克）＝零点二四铢＝十毫，一毫＝（0.0413克）＝零点零二四铢。

钱衡制

贯、钱（单位）：千、十进制。

一钱＝一文＝标准开元（通）宝｛径＝八分＝（24毫米），重＝二铢四絫＝（4.2克）｝。

一贯＝一千文＝（4230克），一文钱＝（4.23克）＝十分，

十文钱＝（42.3克）＝一两，百文钱＝（423克）＝六两四钱。

一贯＝六斤四两＝（4230克），一钱＝（4.23克）。

一两＝十钱＝（42.3克）＝二十四铢，一铢＝（1.75克），一絫＝（0.175克）。

金衡制

斤、两、钱、铢（单位）：多种进制。

一斤＝黄金方寸〔汉尺一寸（2.31厘米）×一寸（2.31厘米）×一寸（2.31厘米）〕＝十六两＝一百六十钱＝三百八十四铢＝（246.5克）。

一两＝十钱＝（15.4克）＝二十四铢。

一钱＝二铢四絫＝（1.54克）＝十分，一分＝二絫四黍＝（0.154克）。

一铢＝（0.64克）＝十絫，一絫＝（0.064克）。

注1：黄金衡制用于黄金货币（金钱，金叶子，金锭）、黄金制品（金饰品，金器具）及药物称量。黄金货币，特别是金锭，用钱衡称量者常见，而用金衡者却少见。注2：本表内中文数字均表示辽度量衡制单位数字，括号内阿拉伯数字均表示与之比较的公制单位数字。

后记

契丹是个谜样的话题，多少年来我们试图从钱币学角度解开这个困扰人们千百年的历史之谜。今天我们终于可以说，契丹之谜已大体破解，一个真实的契丹将重新矗立于中国民族之林，还历史以真实面目。

几十年的钱币收藏，十几年的契丹钱币研究，使我们有幸与契丹人进行心灵上的沟通，通过他们视之为圣物的钱币，挖掘出隐藏在这些"王信"中的各种历史信息，并以契丹自己制造和书写的历史文物，如金银器、铜器、石刻文字，去验证核实这些信息，终于逐渐清晰地勾勒出一个与以前人们脑海中契丹大相径庭的契丹形象。这个形象可能暂时还不能为所有人接受，还有些细部特征尚待完善，但她确确实实是真实的契丹，是个活生生、有血有肉的契丹，相信随着时间的流转，人们会逐渐认识她、接受她。

这本《契丹钱树鉴赏与投资》原是我们正在编纂的《契丹编年钱谱》的一章，因其信息量大，故把它抽出单独出版。自十月份决定后，我们连续奋战了整三个月，终于得以完篇，了却了我们尽快出一部契丹钱谱的夙愿。

钱币史上从未见有钱树专著出现，虽个别朝代有零星钱树传世，但都不成系列，组不成谱，即使离现代最近的清朝也不例外。契丹钱树的集中出土和被收藏，纯属历史上的一个意外，是老天爷无意中赏赐给契丹人的一个珍贵礼物，是特定民族的圣物在特定条件下，被特定的同信仰民族当作特殊的神圣物品收藏，又恰逢收藏地被封禁数百年而受到意外保护的结果。所以说，这本《契丹钱树鉴赏与投资》是中国三千年钱币史中唯一的钱树专著。它的整理出版是改革开放盛世收藏的结晶，是北方大地献给祖国母亲的一份厚礼。

本书竭尽全力搜集了目前在中国北方四省区所能见到的、出土的的契丹钱树品种二百六十六种。由于财力、时间、机遇的原因，可能还有漏网之鱼，盼望有收藏契丹钱树的朋友能提供信息和实物补充、完善它，使钱谱能更准确地反映契丹钱币的面貌。

为了保证入谱钱树的断代准确、鉴定无误，我们请国家级检测机关对入谱钱树进行了断代和成分检测，在保证断代无误的前提下，完成了书稿的写作和编纂。本谱可以说是一部对得起子孙、经得起历史检验的著作。

在本书编写过程中，全国各地熟悉的和不熟悉的泉友都给予了我们无比热情的支持，有提供信息的，有割爱转让藏品的，有提供资料的，有帮助联系出版部门的，还有慷慨解囊支援资金的。其中最令人感动的是江苏昆山市施向东先生和黑龙江哈尔滨市王树人先生。施先生为给笔者提供关于铸造钱树枝型的证据，千里邮寄资料。王先生不远数千里自费到北京提供自己的钱树藏品供笔者挑选入谱。还有胡少英先生、宫向阳先生、谷海先生、郭治山先生、李胜魁先生、郭岳先生、高鹏先生等都直接或间接对本书的撰写作出了不可或缺的贡献。

钱币学家李卫先生百忙中为本书撰写序言，使本书增光不少，实属编者的荣幸。这里允许我们对李卫先生和上述所有朋友对本书的关爱和鼓励表示诚挚的感谢！

最后，对出版社的领导、编辑的热情支持和认真负责的专业精神，使本书高质量顺利出版，表示诚挚的谢意。

主要参考书目

1. 《后汉书》（点校本），中华书局1965年版

2. 《魏书》（点校本），中华书局1974年版

3. 《北齐书》（点校本），中华书局1972年版

4. 《北史》（点校本），中华书局1974年版

5. 《隋书》（点校本），中华书局1973年版

6. 《旧唐书》（点校本），中华书局1975年版

7. 《新唐书》（点校本），中华书局1975年版

8. 《旧五代史》（点校本），中华书局1976年版

9. 《新五代史》（点校本），中华书局1974年版

10. 《宋史》（点校本），中华书局1977年版

11. 《辽史》（点校本），中华书局1974年版

12. 《金史》（点校本），中华书局1975年版

13. 元叶隆礼《契丹国志》（点校本），上海古籍出版社1985年版

14. 宋宇文懋昭《大金国志》（点校本），中华书局1986年版

15. 宋司马光《资治通鉴》（点校本），中华书局1956年版

16. 宋李焘《续〈资治通鉴〉长编》（影印浙江书局本），上海古籍出版社1986年版

17. 宋路振《乘轺录》，贾敬颜《五代宋金元人边疆行纪十三种疏证稿》，中华书局2004年版

18. 宋洪皓《松漠纪闻》，《辽海丛书》第一册，辽沈书社1985年影印本

19. 厉鹗《辽史拾遗》，中华书局1984年版

20. 杨复吉《辽史拾遗补》，中华书局1984年版

21. 彭信威《中国货币史》，上海人民出版社2007年版

22. 丁福保《古钱大辞典》，中华书局1982年版

23. 浙江省博物馆《中国泉币学社例会记录》，上海书画出版社1993年版

24. 中国钱币学会《中国钱币1983—1993百期》（光盘），新华音像中心出版，1993版

25. 辽宁省钱币学会《辽宁金融钱币专辑》，1987—1997年合订本

26. 内蒙古钱币学会《内蒙古金融钱币专辑》，1985—2008年合订本

27. 日 岛田正郎《大契丹国》，内蒙古人民出版社2006年版

28. 法 莫尼克·巴雅尔《古代高昌王国物质文明史》，中华书局1995年版

29. 林英《金钱之旅》，人民美术出版社2004年版

30. 布莱资须纳德《西辽史》，中华书局1955年版

31. 魏良弢《西辽史研究》，宁夏人民出版社1987年版

32.盖之庸《内蒙古辽代石刻文研究》，内蒙古大学出版社2002年版

33.乌拉熙春《契丹语言文字研究》，东亚历史文化研究会2004年版

34.丁福保著、马定祥批注《历代古钱图说》，上海人民出版社1992年版

35.唐石父《中国古钱币》，上海古籍出版社 2004年版

36.张功平、侯正邦《辽代货币论文选集》，内蒙古人民出版社1990年版

37.张功平、唐雨良《辽代货币文集》，内蒙古人民出版社1993年版

38.内蒙古文物工作队《内蒙古文物资料选辑》，内蒙古人民出版社1964年版

39.内蒙古文物工作队《内蒙古文物资料续辑》，内蒙古人民出版社1984年版

40.李崇智《中国历代年号考》，中华书局1981年版

41.陆峻岭、林干《中国历代各族纪年表》，内蒙古人民出版社2006年版

42.华光普《中国古钱大集》，湖南人民出版社2004年版

43.陈述《契丹社会经济史稿》，三联书店1979年版

44.张正明《契丹史略》，中华书局1979年版

45.刘凤翥《契丹大字银钱和辽钱上限问题》，《内蒙古金融·钱币》，1988年版

46.佚名《古铜钱的成分和锈蚀机理》，中国金币网，2008年